Helmut Dumler

Burgen und Schlösser in Südtirol

Ausflugsführer mit Karten
und Fotos

Fink - Kümmerly + Frey

Umschlagfoto Vorderseite: Aufgang nach Obermontani mit Burgtor und Bergfried

Umschlagfoto Rückseite: Reifenstein

Fotos: Helmut Dumler, Löbl (1)

Grundrißskizzen: S. Seifert

ISBN 3-7718-0507-4

Konzeption und Redaktion: WERKSTATT BUCH Dr. Udo Moll, 7636 Ringsheim
Layout-Konzeption: R.O.S., 7000 Stuttgart 80
Satz und Druck: J. Fink, 7302 Ostfildern 4 (Kemnat)
Printed in Germany

Inhaltsübersicht

Vorwort
Südtirol, Land der Burgen und der Schlösser

Wenn diese Steine reden könnten!

Ich meine die Felsblöcke, Bruchsteine, Quadern und Ziegel, mit denen Mauern gefügt, Wehranlagen konstruiert, Türme hochgezogen und Paläste hingestellt worden sind. Diese Steine wären in der Lage, tausendmal mehr zu erzählen, als es jeh einem Historiker gelingen wird. Nur die Steine könnten vollkommen objektiv berichten von der Geschichte Südtirols und von den Menschen, die in dieser Geschichte eine Rolle gespielt haben.

Auf einer Gesamtfläche von 7.597 Quadratkilometer besitzt Südtirol gut über 400 Burgen, feste Türme, Ruinen, Schlösser und herrschaftliche Ansitze. Viel mehr als manches (Luxemburg!) andere Land dieser Größenordnung. Hier eine Auswahl zu treffen, erschien im ersten Augenblick überaus schwierig, erwies sich aber bei intensiver - um nicht zu sagen leidenschaftlicher - Beschäftigung über etliche Jahre hinweg als gar nicht so problematisch. Es ging mir letztlich darum, eine repräsentative Auswahl zu treffen, bzw. aus burgenkundlicher Sicht jeweils typische Beispiele herauszugreifen - auch unter Berücksichtigung der einst führenden Geschlechter - und mit ihrer Hilfe ein Gesamtbild zu schaffen, soweit dies der vorgegebene Platz zuließ.

Es werden 38 Anlagen vorgestellt.

Insgesamt werden 38 Anlagen vorgestellt: abgelegene ebenso wie touristisches Allgemeingut. Es handelt sich also um keine bloße museale Reihung einer Beliebtheitsskala! Sofern die Komplexe unbewohnt sind, habe ich versucht, sie wenigstens durch das geschriebene Wort etwas mit Leben zu erfüllen: Aufstieg und

Niedergang bedeutender Familien, das Ränkespiel der Politik, Krieg und Frieden, Liebe und Haß, Freud' und Leid.

Die klassische Burgenepoche war das Mittelalter.

Die klassische Burgenepoche war das Mittelalter. Damit fiel im 12. und 13. Jahrhundert die Blütezeit des Rittertums zusammen. Zwar gab es schon vorher Befestigungsanlagen - sogenannte Volks- und Fliehburgen -, doch wurden diese nur bei Gefahr aufgesucht. Vielerorts entstanden an ihrer Stelle die Höhenburgen des Mittelalters, welche ständig bewohnt waren und zugleich die Verwaltungszentren der einzelnen Herrschaftsgebiete bildeten. Neben dem hohen Adel erbauten sich später auch Ministerialen Burgen, allerdings nur mit Einwilligung ihres Herren, der u.a. auch ihre Heirat genehmigen mußte.

Es ist nicht einfach, sich in die damaligen Verhältnisse hineinzudenken. Wohnliche Annehmlichkeiten, wie man sie sich im Überschwang romantischer Gefühle vielleicht vorstellen mag, gab es nur in geringem Maße. Wenige Räume einer Burg konnten beheizt werden. Die Fenster dürften zur Winterszeit mit Brettern vernagelt gewesen sein, oder verschlossen mit Holzrahmen, über die geöltes Pergament gespannt war. Was das »Personal« einer mittelalterlichen Burg betrifft, so wissen wir von den Schlandersbergern, daß sie Ende des 14. Jahrhunderts auf ihrem Schloß Hochgalsaun (Vinschgau) einen eigenen Schulmeister - er mußte auch Boten- und Mundschenkdienste verrichten - bezahlten, einen Kaplan, Wirtschafter, Büchsenmeister, Falkner, Jäger, Bäcker, Marstaller, Laufboten (»Renner«), Fischer, Schneider, drei Mau-

Komfort war in den mittelalterlichen Burgen klein geschrieben.

Einen eigenen Hofstaat besaßen nur wohlhabende Herrschaften.

rer sowie zwei Narren; außerdem zwei Waffenknechte, denen mit dem Büchsenmeister auch der Schutz der oberhalb von Kasten gelegenen Burg Hochgalsaun oblag. An weiblichem Gesinde registrierte man eine Jungfer Agnes als Haushälterin, eine Köchin, zwei Ammen, zwei Mägde und die Frau eines Maurers. Mit einem derartigen Hofstaat konnten sich selbstverständlich nur wohlhabende Herrschaften umgeben. Christoph Reiser aus Altspaur (in Partschins) begnügte sich mit sechs Knechten, drei weiblichen Angestellten und einem Kaplan.

Dieses Büchlein will nicht unbedingt eine geistige Auseinandersetzung mit der geschichtlichen Vergangenheit einleiten, sondern seine Leser unbeschwert durch das abwechslungsreichste Ferienland der Alpen leiten - allerdings auf den Spuren der Vergangenheit. Denn: Um ein Land richtig zu verstehen, muß man durch seine Geschichte laufen. Ein bißchen Phantasie gehört auch noch dazu. Wo heute das Gezirpe von Grillen ertönt und sich zwischen verfallenen Mauern wilder Baumwuchs breit macht, wandelten ehedem Ritterfräulein in langen Gewändern, huschten fleißige Mägde herum, gackerten Hühner und grunzten Schweine. Vor den Toren der Mauern tummelten sich in unruhigen Zeiten laute Scharen von Kampflustigen, grimmig die Blicke, die Schwerter im schmuckvollen Gehänge, den Fehdehandschuh hingeworfen, bereit zum Waffengang. In diesen illustren Rahmen passen Müßiggänger und Spießgesellen, das Lautenspiel weitgereister Minnesänger, unzufriedenes Landvolk, hechelnde Hundemeuten und Hörner-

Wo heute Grillen zirpen, wandelten ehedem stolze Ritterfräulein in langen Gewändern.

klang auf Jagden, machtbesessene Kirchenfürsten, fromme Bettelbrüder, rücksichtslose Raubritter, die ahnungslosen Kaufleuten auflauerten.

Mancher laubumsponnene Winkel verleitet selbst am hellichten Tag zum Träumen. Andernorts überkommt den Besucher tiefe Beklemmung. Dann wieder fast überschäumende Begeisterung. Südtirol bietet nicht allein landschaftliche Vielfalt. Mindestens gleichermaßen eindrucksvoll verspüren wir den nachhaltigen Zauber in Burgen und Schlössern.

Helmut Dumler

Innenhof von Schloß Maretsch mit Loggien an der Südmauer und südöstlichem Eckturm

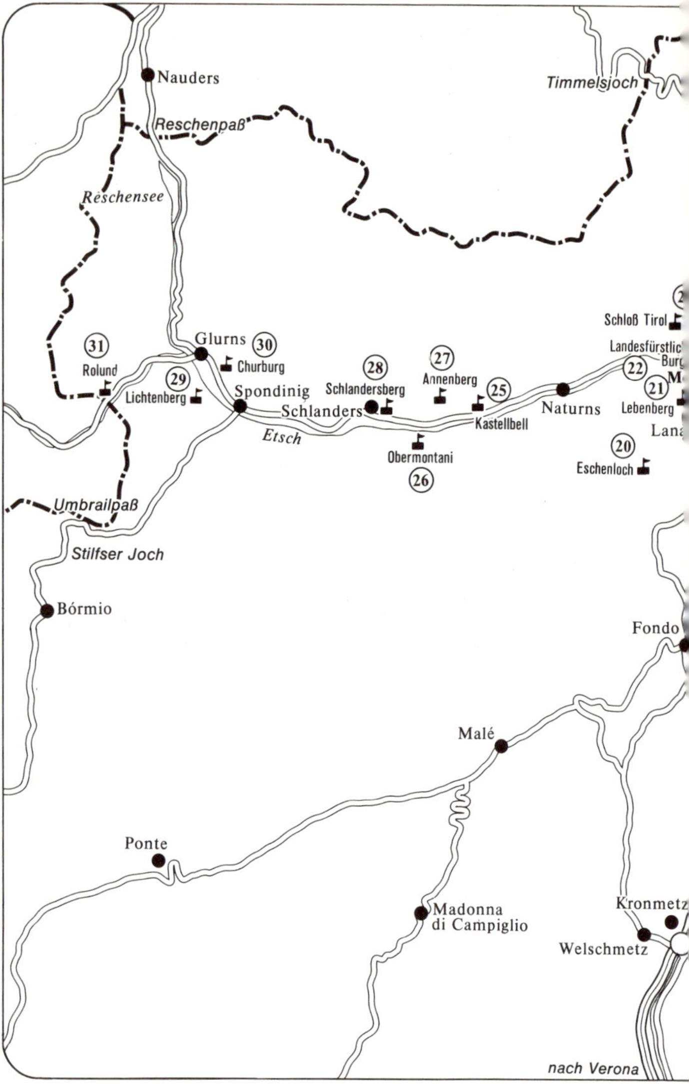

Nauders
Timmelsjoch
Reschenpaß
Reschensee
Schloß Tirol
Glurns
30
31
Rolund
Churburg
28
27
Landesfürstlic
Burg
29
Lichtenberg
Spondinig
Schlandersberg
Annenberg
25
22
21
Schlanders
Naturns
Lebenberg
Kastellbell
Etsch
Lana
Obermontani
20
26
Eschenloch
Umbrailpaß
Stilfser Joch
Bórmio
Fondo
Malé
Ponte
Madonna
di Campiglio
Kronmetz
Welschmetz
nach Verona

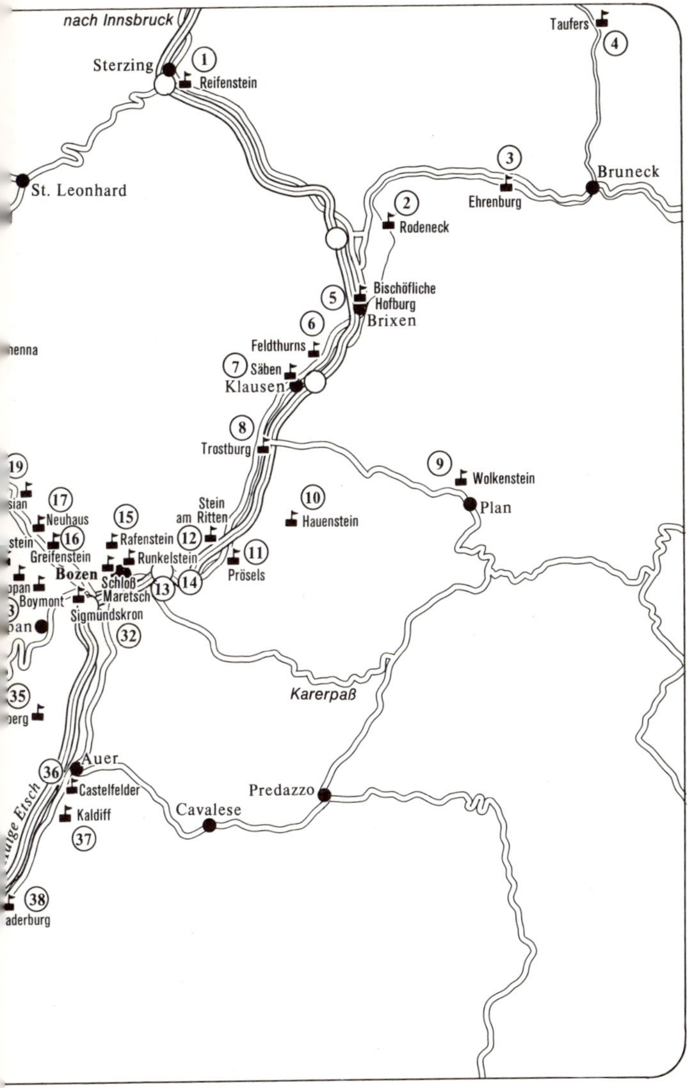
nach Innsbruck
Sterzing
1
Reifenstein
Taufers
4
St. Leonhard
3
Bruneck
Ehrenburg
2
Rodeneck
Bischöfliche
Hofburg
5
Brixen
6
Feldthurns
7
Säben
Klausen
8
Trostburg
9
Wolkenstein
Plan
10
Hauenstein
Stein
am Ritten
11
Prösels
12
13
14
15
Rafenstein
Runkelstein
16
17
Neuhaus
Greifenstein
Bozen
Schloß
Maretsch
Boymont
Sigmundskron
32
19
35
Karerpaß
Auer
36
Castelfelder
Kaldiff
37
38
Cavalese
Predazzo

1

Reifenstein – lebendiges Mittelalter

In keiner anderen Burg Südtirols spricht uns das Mittelalter unmittelbarer an als auf Reifenstein im Eisacktal südlich von Sterzing auf einem felsigen, inselähnlichen Rücken am Rande des einst von Sümpfen erfüllten Sterzinger Mooses.

Anfahrt
Zwischen Sterzing und Freienfeld zweigt von der Staatsstraße 12 vor der Bahnüberführung rechts ein Sträßchen ab. Zu Füßen des Burgberges begrenzter Parkraum. Wer die Autobahn bei Sterzing verläßt, benützt die Staatsstraße 508 kurz in Richtung Penser Joch und wendet sich oberhalb von Elzenbaum (enge Durchfahrt) links zum Burgberg.

Mittelalterliche Atmosphäre vermittelt auf Reifenstein – dem Rundgang folgend – zuerst die große Küche: Wände und Decke rauch- und rußgeschwärzt. Aus drei kleinen Fenstern fällt kümmerliches Licht auf die Herdanlage, kriecht über den Boden aus Holzbohlen und Steinplatten. Im Halbdunkel sind Felsen auszumachen, in denen die Burg zu wurzeln scheint. Nebenan befindet sich der Vorratsraum, der offenbar zeitweise als Badestube diente.

Der 24 Meter hohe Bergfried stellt – wie üblich – auch auf Reifenstein den ältesten Bauteil dar. Innerhalb seiner Mauern, die an der Basis zwei Meter stark sind, haben die Gefangenen geschmachtet. Mit gemischten Gefühlen starrt man – trotz Einfühlungsvermögen in die mittelalterliche Rechtsauffassung – auf das dunkle Loch des fünf Meter tiefen, lichtlosen Kerkers. Die Öffnung war mit einem durch Eisenbänder verstärkten Holzdekkel, auf dem zur Sicherheit noch ein schwerer Felsbrocken lag, verschlossen.

Im Vorraum des Verlieses, in dem während des 13. Jahrhunderts angebauten Wohnturm (alter Palas), stützt ein Holzträger die Balkendecke. Er diente als »Marterpfahl«. Die Wölbung im unteren Teil des Holzträgers, in Höhe des Gesäßes der damals kleiner gewachsenen Menschen, soll durch das Winden der gequälten Körper ausgebuchtet worden sein. Wie viele Geständnisse, den Interessen und Vorstellungen der jeweiligen Herren gerade genehm, sind hier wohl abgelegt worden?

»Als man den Mörder mit allen möglichen Foltern zu dem Geständnisse zu zwingen versuchte, konnte man keinerlei Angaben von ihm erpressen, und so wurde er Glied für Glied zerfleischt und zerrissen«, vermerken die »Jahrbücher von Marbach« über die Vernehmung des mutmaßlichen Mörders von Bayernherzog Ludwig I. im September 1231 in Kelheim an der Donau. Anders ist in solchen Fällen auch in Tirol nicht verfahren worden. Recht und Gesetze des Mittelalters lagen in den Händen der Mächtigeren.

Anfangs Gewohnheitsrechte, wurden sie 1231 von Kaiser Friedrich II. auch formell niedergelegt, »indem wir in geziemender Weise für die Rechte unserer Fürsten und Großen sorgen, auf denen unser Reich wie das Haupt auf den vorzüglichen Gliedern ruht und steht ... Jeder Fürst soll seine Freiheit, Gerichtsbarkeit und niederen Gerichte, ob sie nun frei in seiner Hand oder zu Lehen gegeben sind, nach der bewährten Gewohnheit seines Landes unangefochten genießen«.

Im 11. Jahrhundert – und damit tritt

Zugang

Von den Parkplätzen an der Basis des Burgberges etwa 150 Meter in Richtung Sterzing, worauf sich links ein Pfad hochzieht zur Vorburg. Über dem Eingang drohen die Spitzen eines Fallgitters. An Stelle der Zugbrücke führt heute eine feste Brücke über den Halsgraben zum Portal mit dem Wappen des Ordenskomturs Heinrich von Knöringen. Auf dem nordwestlichen Rücken des Burgberges wird ein heidnischer Kultplatz vermutet. Dort steht die 1330 erstmals genannte, 1663 renovierte St.-Zeno-Kapelle. Zwischen der Kapelle und der Burg sind im Fels vorchristliche Schalensteine eingemeißelt.

Blick auf Burg Reifenstein - lebendiges Mittelalter.

Reifenstein aus dem Dunkel der Vergangenheit - zeichnete das junge Brixener Bistum als Besitzer. Seine Ministerialen auf der Burg mußten allerdings die Gerichtshoheit der Andechser Grafen akzeptieren. Das ging bis 1209. Dann hatte Graf Albert III. von Tirol das Sagen. Ab 1400 sind die Herren von Säben, aus deren Zeit die Fresken in der Kemenate stammen, mehr als 60 Jahre nachgewiesen. Ihr Aussterben veranlaßte Herzog Sigmund, Landesfürst von Tirol, wieder einen Pfleger mit der Burg betrauen, um ihren Bestand zu sichern.

Die Waffenknechte von Reifenstein schliefen im untersten Stockwerk des alten Palas in mannshohen, kistenartigen Holzverschlägen auf Stroh. Sie sind meines Wissens die einzig erhaltenen dieser Art überhaupt. Allein schon ihretwegen lohnt die Besichtigung dieser überaus interessanten Burganlage.

Der für eine mittelalterliche Anlage selten gute Erhaltungszustand ist dem Deutschen Orden zuzuschreiben. Er hatte Reifenstein im Jahre 1470 von Herzog Sigmund (»der Münzreiche«) erworben, nachdem der Fürst seine Schulden beim geistlichen Ritterorden nicht mehr zurückzahlen konnte. Die Ordenskomturen ließen das Alte nahezu unangetastet. Neue, für die Gotik auffallend prachtvolle Räume wurden geschaffen und dekorativ ausgeschmückt. Beispielhaft ist der Grüne Saal mit ornamentalen Wandmalereien und dem feinen Holzgitter der Kapellennische.

Kaiser Maximilian bekundete sein Interesse an Reifenstein, aber die Ordensleute lehnten einen Verkauf ab.

Als Kaiser Maximilian der Ballei gegenüber sein Interesse an der Burg bekundete, antworteten die Ordensleute mit

Führungszeiten
Täglich (außer Freitag) von 9.30 bis 10.30 Uhr sowie um 14.00 und um 15.00 Uhr. Am 5. und 20. jeden Monats geschlossen.

Wanderkarte:
1:50 000 Freytag-Berndt-Wanderkarte, Blatt 4.

Die Grafen von Thurn-Valsassina und Taxis wurden 1813 Herren von Reifenstein.

einem unmißverständlichen Nein. Die »Comenda zu Störzing« betreute ab 1468 nebenbei die Pfarrsprengel von Mareit und des damals weltentlegenen Sarnthein sowie das Spital in Sterzing.

An Reifenstein wurde weiter gebaut. Die Zisternenmauer mußte 1580 neu hochgezogen werden. Die Zisterne selbst erfüllte ihren Zweck als natürlicher Wasserspeicher bis 1979. Dann sorgte die Gemeinde Freienfeld für sanitäre Einrichtungen und für eine Abwasseranlage. Die derzeitigen (1983) Burgherren sind Hans Gottfried Graf Thurn und Taxis und Marie Caroline Gräfin Thurn und Taxis. Die in Patsch bei Innsbruck lebende Gräfin verbringt zwischendurch immer wieder etliche Tage in ihrer Burg.

Im Jahre 1813 – Tirol war unter bayerische Verwaltung gekommen und Klöster bzw. kirchlicher Besitz durch die Säkularisation aufgehoben worden – erhielten die Grafen Thurn-Valsassina und Taxis als Trostpflaster für das verloren gegangene Tiroler Postwesen die Burg Reifenstein zugesprochen. In der Folgezeit bemühte sich das Geschlecht so gut es konnte, Reifenstein der Nachwelt in einem angemessenen Zustand zu erhalten – ein dankenswertes Unterfangen.

Man erzählt, daß weiland die von Reifenstein und vom benachbarten Sprechenstein – die Burg kann nicht besichtigt werden – miteinander in Fehde lagen und sich durch Pfeilbeschuß bekriegten. Jedoch seien die abgeschossenen Pfeile in der Mitte ihrer Flugbahn aufeinandergetroffen: für die Burgherren Grund genug, an ein Gottesurteil zu glauben und sich von nun an zu vertragen …

2

Rodeneck - am Eingang des Pustertales

Wo die Rienz das Pustertal verläßt und sich als Schleife tief in die Landschaft eingeschnitten hat, erhebt sich über wilder Schlucht Burg Rodeneck auf einem vorgeschobenen Rücken - eine langgestreckte mächtige Anlage aus Mauern und Türmen.

Im Jahre 1142 wird unter Friedrich von Rodank, Lehensherr der Brixener Fürstbischöfe, die erste »Burg« beurkundet: Ein wehrhafter fünfeckiger Turm mit einem kleinen Palas, heute Kernstück der Gesamtanlage. Das dominierende Geschlecht auf Rodeneck waren ab 1491 die Freiherren von Wolkenstein beziehungsweise ihre Rodenecker Seitenlinie. Einige von ihnen ruhen in einer Familiengruft auf dem nahen Friedhof des Ortes.

Während des 16. Jahrhunderts erfolgte auf Rodeneck ein umfassender Ausbau mit Bastionen und Rondellen. Infolge der geschützten Lage sowie durch diplomatisches Verhalten glückte es den Herren auf Rodeneck, allen Kriegsstürmen zu widerstehen. Erst ein Brand, ausgelöst durch unvorsichtiges Handhaben von Feuerwerkskörpern, zerstörte die prächtige Burg im Jahre 1694.

Auf einer Holzbrücke schlendert man über den Halsgraben. Das abschließende Stück der Brücke war zum Hochziehen konstruiert. Im Torturm sind die Rollen

Anfahrt
Von Mühlbach im Pustertal (11 km von Brixen, 23 km von Bruneck; SAD-Busverbindungen, Bahnhof) führt eine Straße in den 3,5 km entfernten Mittelpunkt der Gemeinde Rodeneck. Parkplätze gegenüber dem Gasthof zum Löwen; Busverbindungen mit Brixen - Mühlbach.

Blick vom Schloßgarten auf Rodeneck.

für die Ketten oder die Seile, für deren Bedienung zwei Mann genügten, erhalten. Dagegen fehlt die Blende, welche die Zugbrücke aufnahm. Das Tor ist zum Schutze gegen Stoß und Feueranlagen mit ungleichmäßigen Eisenblechstücken beschlagen und mit einem sogenannten »Mannsloch« versehen. Unmittelbar darüber befindet sich ein Gußerker, durch den heißes Pech, Öl oder Wasser geschüttet werden konnte. Links am Felsen erinnert ein Bronzerelief an den Besuch des Erzherzogs Carl von Österreich.

Den vorzüglichen Erklärungen der einheimischen Führerperson ist nicht mehr viel hinzuzufügen. Die Führungen beginnen im Hof der Vorburg. Das Wirtschaftsgebäude der Burg dient auch heute seinem ursprünglichen Zweck: Die Baro-

Die Schloßführung ist sehr empfehlenswert.

Zugang
In Richtung der nahen Pfarrkirche Maria Himmelfahrt. Sie findet 1180 erstmals Erwähnung. Vor dem Friedhof rechtshaltend hinunter zur Burg.

nesse von Call hält u.a. Kühe. Das Stallgebäude ist verhältnismäßig gediegen ausgebaut durch Rippengewölbe mit achteckigen Mittelsäulen. Zwischen Wirtschaftsgebäude und Hauptburg verlief ein Wehrgang, von dem noch Teile zu sehen sind.

Den Torbau der Hauptburg sicherte eine weitere bewegbare Brücke, eine Wippbrücke, die mit Hilfe eines eisernen Hebels bedient wurde bzw. durch ein schweres steinernes Gegengewicht von einem Mann in Bewegung gesetzt werden konnte. Ein Fallgitter, wie es hier angebracht ist, befand sich bei Burgen im allgemeinen nur am äußeren Tor.

Durch ein tunnelartiges Gewölbe, mehrfach im stumpfen Winkel gebrochen und 16 Meter lang, geht es in den inneren

Führungszeiten
Vom 1. Mai bis 15. Oktober täglich um 11.00 Uhr und 15.00 Uhr, fallweise auch um 16.00 Uhr.
Bei Gruppen Voranmeldung; Telefon 0472/42173.

Wanderkarte
1:50000 Freytag-Berndt-Wanderkarte, Blatt 4.

Kunsthistorischer Höhepunkt sind die Fresken aus dem frühen 13. Jahrhundert.

Burghof. An den Wehrmauern lagern Steinkugeln von unterschiedlicher Größe. Es handelt sich um Katapultgeschosse. Die Tafel zur Erinnerung an den Landesfürsten Leopold, der 1628 mit seiner Gemahlin Claudia von Medici auf Rodeneck weilte, ist eine Kopie (Original im Tiroler Landesmuseum Ferdinandeum zu Innsbruck).

An eine gewölbte Vorhalle schließt sich die freskogeschmückte Burgkapelle an. Der Schacht der Zisterne mußte sieben Meter tief aus dem Fels gehauen werden. Auf der Rückseite des Hofes öffnet sich ein Durchgang zum Garten. Dort spielten sich bei besonderen Anlässen die Turniere ab. Ganz hinten stand der Pulverturm. Ein Durchlaß an der Westseite war für eventuelle Ausfälle in Kriegszeiten gedacht.

Die verschiedenen Räumlichkeiten bieten mitunter seltene Stücke (z.B. Henkersmasken, Henkersbeil) aus mittelalterlicher Zeit. In einem Verlies soll der »Lautenfresser« geschmachtet haben. Eigentlich hieß dieser geheimnisumwitterte Mann, dem Zauberei und Wettermachen zur Last gelegt wurde, Matthäus Perger und stammte aus Tötschling bei Brixen. Weil er nur »lautere«, das heißt flüssige Speisen zu sich nahm, erhielt er seinen seltsamen Namen.

Den kunsthistorischen Höhepunkt stellen die 1972/73 freigelegten Fresken aus dem frühen 13. Jahrhundert in einem ehemaligen Wohnraum im ältesten Teil der Burg dar. Sie erzählen den ersten Teil der Iwein-Sage und gehören zu den ältesten profanen Wandmalereien im gesamten deutschsprachigen Raum.

3
Ehrenburg – Barockschloß im Pustertal

Barockschlösser sind in Südtirol sozusagen Raritäten. Denn im Barock, jener europäischen Kunst- und Kulturepoche zwischen 1600 und 1750, die ihren stärksten Ausdruck in der Architektur fand, hatte Südtirol keine eigenständige politische Bedeutung mehr.

Schloß Ehrenburg ist seit 1980 der Öffentlichkeit im Rahmen von Führungen zugänglich. Vorausgegangen waren kostspielige Instandsetzungsarbeiten. Das Alte Schloß (Südwesttrakt) und der Ostflügel mußte neu eingedeckt werden; die südliche Ringmauer bedurfte der Ausbesserung.

Wenn sich Ehrenburg nun als Barockschloß präsentiert, darf dies nicht über den anfänglichen Zweck als Wehrburg hinwegtäuschen. Im ausgehenden Mittelalter (um 1508) erfolgten sogar Ausbauten gegen den Beschuß durch Feuerwaffen. Die hohe Südmauer mit Schießscharten sowie die runden Ecktürme mit Gußerkern (Pechnasen) sollten zur wirkungsvolleren Verteidigung des Burgtores beitragen. In den oberen Stockwerken des Bergfriedes wurden Scharten für Handbüchsen eingelassen. So geschehen im Sinne Kaspar Künigls, der sich einschlägige militärische Kenntnisse im 1. Venezianerkrieg erworben hatte. Im Verlauf dieses einjährigen Waffenganges (1487)

Anfahrt
Auf der Pustertalstraße (Staatsstraße 49), bis 9 km westlich von Bruneck, ungefähr in der Höhe von Kiens, eine Straße über die Rienz in den Ort Ehrenburg abzweigt (Parkplätze).

Zugang
Auf einem Sträßchen in fünf Minuten hinauf zum Eingang von Schloß Ehrenburg.

stießen Söldner der See- und Landrepublik bis Ampezzo, Buchenstein und Enneberg vor. Und Enneberg liegt nicht mal einen halben Tagesritt von Ehrenburg entfernt. Das Pustertal hatte man allerdings schon 1478 aus Angst vor den Türken befestigt.

Die Barockzeit hinterließ an Schloß Ehrenburg ansehnliche Spuren. Das wiederum hängt mit Caspar Ignaz Graf Künigl zusammen. Der energische Fürstbischof von Brixen (1702–1747) sowie sein Bruder, Sebastian Graf Künigl, brachten auf ihrem Stammsitz im Jahre 1732 den Repräsentationswillen weltlicher und geistlicher Herren zum Ausdruck, und zwar durch die dynamische Wirkung und die Bewegtheit überreichen plastischen und malerischen Schmuckes. Bestes Beispiel im Schloß: der sogenannte »Bischofssaal«.

Die Künigl hatten schon früher ausgeprägten Kunstsinn bewiesen. Als eine der ersten im Lande holten sie die Renaissance aus dem Süden: der Trientiner Meister Lucio de Spaciis schuf den Loggienhof. Das war 1512, so daß es sich dabei um den ältesten Renaissance-Innenhof in Südtirol handelt.

Als eine der wenigen Adelsfamilien sind die Künigl seit der Erbauung ihres Burgschlosses, also seit fast 800 Jahren, in dessen Besitz. Bis zum letzten Weltkrieg bewohnte die gräfliche Familie das gesamte Schloß. Seitdem lebt sie in einem separaten Trakt. Schloß Ehrenburg verdient wegen der bei der Führung deutlich werdenden Einflüsse des Adelshauses auf die geschichtlichen Abläufe Südtirols unsere Aufmerksamkeit.

Führungszeiten
Täglich (außer Sonntag Vormittag) von 10.00 bis 12.00 Uhr und von 14.00 bis 17.00 Uhr.

Wanderkarte
1:50 000 Freytag-Berndt-Wanderkarte, Blätte 3 und 4.

Torbau mit heutigem Eingang von Schloß Ehrenburg.

4

Taufers – Symbol des Tauferer-Ahrntals

Daß sich Schloß Taufers in überaus erfreulichem Zustand präsentiert, ist dem 1976 verstorbenen Titularabt Dr. Hieronymus Gassner zu danken. Als Schloßherr und Bewohner der Anlage zwischen 1953 und 1976 tat Gassner viel für deren Restaurierung.

Anfahrt
Von Bruneck im Pustertal in nördlicher Richtung durch das Tauferer Tal in den Kurort Sand in Taufers (15 km); Busverbindungen.

So ließ Gassner die eingestürzte Wehrmauer, den Wehrgang sowie den verfallenen Bergfried erneuern. Auch sorgte er für die Freilegung und Restaurierung der Fresken von Michael Pacher in der romanischen Burgkapelle. Für die 1967 von Lydia Roppolt im Rittersaal ausgeführte moderne Wandmalerei: »Schutzmantel-Muttergottes mit Totentanz« ist er ebenfalls verantwortlich.

Seit August 1977 befindet sich Schloß Taufers im Besitz des Südtiroler Burgeninstitutes. Das Erbe wird vorbildlich verwaltet. Überdies sind Bestrebungen im Gange, weitere Räume der Öffentlichkeit zugänglich zu machen, so daß eine Besichtigung der Anlage von Jahr zu Jahr interessanter werden dürfte.

»Nobile de Tufers« erschienen im 12. Jahrhundert erstmals in Urkunden. Sie hausten auf dem Kofel (Ruinenstümpfe erhalten) über den Rainbachwasserfällen. Um 1250 haben sie dann die Burg Taufers erbaut, als Lehensleute der Brixener Fürstbischöfe, denen die Grafschaft Pu-

Schloß Taufers thront hoch über dem gleichnamigen Kurort.

Zugang
Anfahrt zum Schloß mit dem Auto möglich (Abzweigung von der Talstraße 300 m nördlich der Schloßbrücke). Aufstieg zu Fuß ¼ Stunde: Nach der Schloßbrücke am nördlichen Ortsrand rechts von der Talstraße ab und auf einem Fahrweg zum letzten Haus. Dort linkshaltend hinauf zur Schloßkapelle und rechts weiter hoch zum Eingang.

Führungszeiten
Von Juni bis Oktober zwischen 10.00 und 11.30 und zwischen 14.00 und 17.00 Uhr.
Von November bis Mai am Montag, Mittwoch und Freitag um 14.00 Uhr.

Wanderkarte
1:50000 Freytag-Berndt-Wanderkarte, Blatt 3.

stertal im Jahre 1091 durch Kaiser Heinrich IV. zugefallen war. Anfang des 16. Jahrhunderts erfuhr die Dynastenburg dann schließlich einen großzügigen Ausbau. Davon zeugen unter vielem anderen die vielgestaltigen Schlüsselscharten sowie der palastähnliche Kornkasten im Zuge der Mantelmauer.

Nach dem Aussterben der Tauferer in der ersten Hälfte des 14. Jahrhunderts wechselten die Burgherren ständig. Von 1504 bis 1603 saß die Familie Fieger auf Taufers. Zwischen 1603 und 1647 erscheinen die Freiherren von Wolkenstein-Rodenegg, 1685 bis 1810 die gräfliche Familie Ferrari.

Die Verteidigungsbereitschaft von Taufers ist offensichtlich nie in Frage gestellt worden. Die Mantelmauer weist teilweise eine Stärke bis zu zwei Metern auf. An den Angriffseiten befinden sich überall Gußerker und Schießscharten. Im Zwinger hinter dem äußeren Torturm konnte ein bis dorthin vorgedrungener Feind sogar von drei Seiten unter Beschuß genommen werden. Trotz aller Wehrhaftigkeit litt aber die Wohnlichkeit nicht - ein Vorteil, den manch andere Anlage jener Zeit vermissen ließ. Taufers gehört zu den größten Burgschlössern in Tirol. Von den insgesamt 64 Räumen sind 24 getäfelt; 20 Kachelöfen spendeten im Winter wohlige Wärme.

Glanzleistungen höfischer Innenarchitektur sind die Bibliothek, der alte Gerichtssaal, der Rittersaal und der Porträtsaal. Die Waffenhalle birgt neben Harnischen, Hellebarden, einem Richtschwert und einem Katapult mehr als drei Dutzend Jagdgewehre.

5

Bischöfliche Hofburg zu Brixen – geistliche und weltliche Macht

Angesichts der bischöflichen Hofburg bedarf es fürwahr keiner überreichen Phantasie, um sich die einstige Macht der Fürstbischöfe, ihren Einfluß auf die große Politik sowie den Glanz und die Pracht ihrer Hofhaltung ausmalen zu können.

An der Frontseite des Wassergrabens sind die Fenster barock gerahmt. Diese Zier entstand zusammen mit der Kapelle, dem Theatersaal (nicht mehr erhalten) im Ostflügel und dem Kaisertrakt im Westflügel unter dem tatkräftigen Caspar Ignaz Graf Künigl, Bischof von 1702 bis 1742. Den Loggienhof säumen im ersten Stockwerk 24 Terrakottafiguren, imprägniert mit kochendem Öl und in der Farbe nachgedunkelt. Sie stellen Mitglieder des Hauses Habsburg dar und wurden im frühen 17. Jahrhundert vom schwäbischen Hofbildhauer Franz Reichle geschaffen. Eine Besonderheit ganz nebenbei: Von den Kaminen auf den Dächern der Flügelbauten weist jeder eine andere Form auf.

Der Kaisertrakt diente dem Kaiser nebst Mitgliedern seiner Familie einst als Absteige. Im Jahre 1782 nächtigte hier Papst Pius VI. auf seiner Heimreise von Wien. Wir betreten den Empfangsaal: Auf Wandteppichen sind Jagdszenen dargestellt, im Deckenfresko die »Göttliche Weisheit«. Es folgt das Vorzimmer: Am

Anfahrt
Brixen liegt im Eisacktal zwischen Bozen (40 km) und Brennerpaß (47 km). D-Zug-Station, Bus-Bahnhof, Autobahn-Anschluß.

Zugang
Vom Domplatz zur nahen Gedenksäule. Sie erinnert an die Jahrtausendfeier (1901) von »Prishna«. Von dort in wenigen Schritten zur Brücke über den Wassergraben der bischöflichen Hofburg.

Kachelofen Ausschnitte der Taten des Herakles. Dem Fürstbischof Künigl ist ein großes Porträt gewidmet. Andere Porträts hängen im Speisezimmer. Eines davon zeigt Kaiser Franz I. und seine Gemahlin Maria Theresia - Gäste in der Hofburg. Im Audienzzimmer sind sämtliche Habsburger Kaiser - von Rudolf I. bis Kaiser Karl VI. - auf einem Bild dargestellt. Im Chinesischen Kabinett erwecken gemalte Tapeten aus der Zeit um 1800 unser Interesse. In den kaiserlichen Kabinetten ist das Porzellan für den Besuch der kaiserlichen Familie im Jahre 1765 ausgestellt. Die Wiener Hofmanufaktur hat es einzig und allein für diesen Zweck hergestellt. Vom Tafelsilber des Augsburger Thaddäus Lang fehlt ein großer Teil; man hat ihn 1796 der Landesverteidigung geopfert.

Die bischöfliche Hofburg in Brixen.

In den ersten beiden Räumen des Bischofstraktes blicken kirchliche Würdenträger von den Wänden, die allesamt eine Beziehung zu Brixen hatten. Das zweite Zimmer diente Fürstbischof Künigl als Wohnraum. Nachfolgende Bischöfe hielten hier Audienzen. Ein Bild zeigt Fürstbischof Karl Franz Graf Lodron. Er sorgte für das klassizistische Aussehen des Kaiser- und Bischofstraktes. Im fürstbischöflichen Arbeitszimmer steht ein beachtenswerter Kachelofen aus dem Jahre 1546 von Bartholomäus Dill Riemenschneider, einem Sohn des genialen Tilman Riemenschneider.

Schließlich machen uns Dokumentationen mit der Geschichte des Fürstbistums Brixen vertraut. Auf der berühmten, 1774 gezeichneten Tirolkarte des österreichischen Kartographen Peter

Eine berühmte Karte Tirols wurde 1774 durch den Kartographen Peter Anich gezeichnet.

Pietà im Diözesanmuseum der bischöflichen Hofburg Brixen.

Anich sind die ehemaligen Grenzen eingezeichnet. Kaiserurkunden erläutern das Werden des Bistums. Angefangen bei den Immunitätsprivilegien, die König Ludwig der Deutsche bereits 845 dem Bistum Säben verliehen hatte, bis zur Übertragung der grafschaftlichen Rechte in den Jahren 1004 (über das Gebiet von Bled), 1027 (über das Inn- und Eisacktal) bzw. 1091 (über das Pustertal), wodurch die kirchlichen Oberhirten zu weltlichen Fürsten aufstiegen. Bischof Bruno von Kirchberg (1250–1288) nannte sich »Princeps terrae« – Herzog und Landesfürst. Als Priester durften sie allerdings die Blutgerichtsbarkeit nicht selbst ausüben. Dafür waren die weltlichen Vögte zuständig, die sich im Laufe der Zeit zum größten Machtfaktor im Lande aufschwangen.

Die weltlichen Vögte übten die Blutgerichtsbarkeit aus.

Bereits im späten 10. Jahrhundert hatte Bischof Albuin, ein Grafensohn aus Kärn-

Innenhof mit Loggien und Terrakottafiguren der bischöflichen Hofburg Brixen.

ten, seinen Sitz von Säben ins Eisacktal verlegt, nachdem König Ludwig das Kind dem Säbener Bischof Zacharias im Jahre 901 den Hof Prishna (Brixen) geschenkt hatte. Daraus entwickelte sich im Laufe der Zeit die Stadt Brixen zum geistlichen und weltlichen Mittelpunkt weiter Teile von Tirol, im Eisacktal z.B. südwärts bis zum Tierser Bach. Die Bischöfe machten sich verdient um die Besiedelung der Dolomitentäler bis hinüber nach Buchenstein und gründeten die Klöster Neustift und Wilten bei Innsbruck.

In den Anfängen saßen die Würdenträger in einer Burg an der Westseite des Dom-Kreuzganges. Bruno von Kirchberg – übrigens der Gründer von Bruneck – verlegte die Residenz 1265 an die Südwestecke der Stadtumwehrung, wo bis dahin der Stadthauptmann wohnte. Ausschlaggebend dafür dürfte die gespannte

Am Anfang saßen die Würdenträger in einer Burg an der Westseite des Dom-Kreuzgangs.

Besichtigungszeiten
Juni bis September von 10.00 bis 12.00 Uhr von 14.00 bis 18.00 Uhr. Oktober bis Mai (ausgenommen Januar und November, Sonntage von März bis Oktober sowie 24. und 25. Dezember) wochentags von 10.00 bis 12.00 und von 14.00 bis 17.00 Uhr.

Anmerkung
Sehenswert. Kreuzgang am Domplatz (12.00–15.00 Uhr geschlossen) und Dom (12.00–15.00 Uhr geschlossen).

Wanderkarte
1:50 000 Freytag-Berndt-Wanderkarte, Blatt 4.

politische Situation gegenüber Graf Meinhard II. von Tirol gewesen sein. In die alte Residenz zogen die Weihbischöfe ein (nach der Säkularisation diente sie als staatliches Verwaltungsgebäude). Kardinal Andreas von Österreich, ein Sohn des Erzherzogs Ferdinand II. von Tirol und seiner Gattin Philippine Welser, ließ die trutzige mittelalterliche Burg einreißen und veranlaßte 1595 den Bau eines Renaissancepalastes, wie er sich für einen Fürsten gehörte. Sein Nachfolger, Christoph Andrä von Spaur, setzte die Arbeiten fort. Unter seiner Leitung entstanden die Südtürme, der Loggienhof und der Ostflügel. Caspar Ignaz Graf Künigl vollendete die bischöfliche Hofburg im Jahre 1711. Knapp ein Jahrhundert später erlosch der fürstbischöfliche Glanz durch die Säkularisation, das heißt durch die »Verweltlichung« bzw. die Einziehung kirchlicher Güter durch den Staat.

Im Jahre 1964 wurde Bozen Sitz der Diözese. Brixen indes hat nichts von seiner geistlichen Prägung verloren und atmet noch immer die Atmosphäre einer bischöflichen Residenzstadt. Die Hofburg dient seit 1974 dem Diözesanmuseum mit Krippenschau, Plastiken und anderen sakralen Kunstegenständen.

Die vorläufig letzten Phasen des Ausbaues – Kaisertrakt, Bischofstrakt und Wappensaal – wurden 1982 abgeschlossen. In den nächsten Jahren sollen weitere Räumlichkeiten mit Ausstellungsgegenständen von der Romantik bis zum Barock ausgestattet werden. Aber schon jetzt kann die einstige bischöfliche Hofburg als ein Museum von überregionalem Rang betrachtet werden.

6
Feldthurns – ein Renaissanceschloß

Feldthurns ist heute ein kleiner, sauberer Ferienort an den ostseitigen Hängen der Sarntaler Alpen, rund 300 Meter über der Sohle des Eisacktales. Ein idealer Platz für die Sommerresidenz der Brixener Bischöfe, wenn sie der Schwüle des Talkessels überdrüssig waren.

Urkundlich wird Feldthurns erstmals im Jahre 975 als »locus Velturnes« erwähnt. Die gleichnamigen Herren sind von 1112 bis zu ihrem Aussterben im 13. Jahrhundert belegt, anfangs als Ministerialen der Brixener Fürstbischöfe, später als Parteigänger der Grafen von Tirol. Im Jahre 1497 ging Burg Velthurns samt der Gerichtsbarkeit wieder an das Hochstift zurück. Die Burg war damals schon Ruine.

Im Jahre 1578 fanden die Steine der alten Burg Verwendung beim Bau eines neuen Schlosses in Feldthurns unter Kardinal Christoph von Madruzzo. Ein Neffe des Kardinals, Fürstbischof Johann Thomas von Spaur, vollendete das als Sommerresidenz gedachte Renaissanceschloß.

Wie es einem Lustschloß von Reichsfürsten zustand, sparte man nicht an kostbarem Material, vor allem nicht an edlen Hölzern. Vor allem in den Fürstenzimmern im ersten und zweiten Stockwerk findet man geschnitzte Kasettendekken, reich verzierte Türrahmen usw.

Anfahrt
Entweder von Brixen (8 km) oder nördlich von Klausen (4 km). SAD-Busverbindungen, Haltestelle am Schloß.

Besichtigungen
Auskünfte über den Verkehrsverein Feldthurns (Tel. 0472/49290) oder über das Landesdenkmalamt in Bozen (Tel. 0471/45141).

Wanderkarte
1:50000 Freytag-Berndt-Wanderkarte, Blatt 1 oder 4.

Weingartner sieht in der Decke des oberen Fürstenzimmers sogar »das schönste Getäfel im Stil der deutschen Renaissance von Südtirol«. Für die kunstvollen Türbeschläge mußte eigens aus Augsburg ein Schlosser anreisen. Prächtige Wandgemälde, Intarsienarbeiten, Kachelöfen und beachtenswertes Mobiliar vervollständigen das Innere. - Als Kapelle dient ein Raum mit Rosettendecke. Der Altar wird dem späten 16. Jahrhundert zugeschrieben.

Der Schloßkomplex präsentiert sich in ausgezeichnetem Erhaltungszustand.

Auf der nördlichen Hofseite erinnert eine Gedenktafel an die Übergabe des Schlosses am 22. Dezember 1903 durch Fürst Johannes II. von Liechtenstein an die Stadt Bozen. Das Fürstentum war seit 1875 im Besitz des Schlosses gewesen. Bozen leitete 1980 systematische und umfassende Restaurierungsmaßnahmen unter Aufsicht des Landesdenkmalamtes ein, die 1983 abgeschlossen wurden.

Eine Gedenktafel erinnert an die Übergabe des Schlosses an die Stadt Bozen (22. 12. 1903).

7

Säben – die Akropolis von Tirol

Heiliger Berg der Südtiroler! Ein scheinbar unnahbarer Kegel aus hartem Dioritfels, ein Fanal frühesten Christentums im Eisacktal, Kultstätte vielleicht noch viel früher. Türme und mittelalterliche Mauern 200 Meter über Klausen – ein eindrucksvolles Bild.

Anfahrt
Durch das Eisacktal nach Klausen zwischen Bozen (29 km) und Brixen (11 km); Autobahn-Ausfahrt. Bahn- und Busverbindungen.

Säben, aus dem Eisacktal gesehen.

Der Fund einer jungsteinzeitlichen Flachaxt auf der höchsten Spitze läßt den Schluß zu, daß sich dort schon vor 4000 Jahren Menschen aufgehalten haben. Die Namensgebung schreibt man den Rätern zu: Sebona, wie Säben früher hieß, soll aus ihrem Sprachschatz stammen und soviel bedeuten wie heilig – selbstverständlich im vorchristlichen Sinne. Eine Besiedelung (auf halber Höhe auf der Südseite des Berges) setzen Archäologen ab der Zeit um 380 n.Chr. an, als der hartnäckige Widerstand der Räter durch das Imperium längst gebrochen war bzw. die römische Herrschaft schon wieder schwand. Um 575 ist zum erstenmal auf einer Synode in Grado von einem Säbener Bischof die Rede.

In diese spätrömisch-frühmittelalterliche Epoche fällt der Bau einer Säbener Urkirche an der Stelle der Marienkapelle. Die aufwendigste Anlage der drei frühchristlichen Kirchen auf Säben, lag in ihren Grundmauern 1982/83 im Hang unterhalb der Marienkapelle frei. Sie

Zugang
In Klausen auf dem Thinneplatz (Bus-Haltestelle, 5 Minuten vom Bahnhof) vor dem Hotel Post Täfelchen, die zum Kloster Säben zeigen. Auf Weg Nummer 1 in fünf Minuten zur Burg Branzoll, hervorgegangen aus einem Turm (2,25 m Mauerstärke), den Säbener Burggrafen 1256 erstellten. Er fiel als einziger Bauteil nicht dem Brand von 1670 zum Opfer. Der Neubau der Burg gehört der Zeit vor dem 1. Weltkrieg an. Keine Besichtigung.
An Burg Branzoll vorbei und auf dem Wallfahrtsweg, begleitet von Kreuzwegstationen, aufwärts. Etwa 35 Minuten nach Klausen erreichen wir den höchsten Punkt mit der Heilig-Kreuz-Kirche.

stammt aus dem 4. und 5. Jahrhundert, wurde Ende des 7. Jahrhunderts aufgegeben und auf die Höhe verlegt. Im Umkreis der Hangkirche legte man 120 Gräber frei, hauptsächlich rätoromanische, bis auf ein Grab mit reichen Beigaben einer bajuwarischen Edeldame.

Säben und der Thinnebach markierten die südliche Grenze der römischen Provinz Raetia secunda. Das weströmische Reich ging 476 n. Chr. unter. Ostgoten wurden die neuen Herrscher. Um das Jahr 500 dürfte die Bevölkerung des heutigen Südtirol zum überwiegenden Teil christianisiert gewesen sein. Säben gehörte bis 798 zum Einflußbereich des Patriarchen (Erzbischof der byzantinischen Kirche) von Aquileja, danach bis 1921 zum Erzbistum Salzburg. Das ursprüngliche Bistum Säben umfaßte weite Gebiete des heutigen Nordtirol, reichte bis zur Klause von Finstermünz sowie über das Pustertal hinaus ins Zillertal; im Süden bildete der Tierser Bach die Grenze zum Bistum Trient.

Eine Burg nach herkömmlichen Vorstellungen existierte auf dem Berg nie. Wohl aber ein burgentypischer, hochmittelalterlicher Palas sowie starke Wehrmauern. Säben erfüllte ohne Zweifel den Zweck einer Festung, sowohl für die Brixener Bischöfe, als auch den Wünschen der deutschen Kaiser entsprechend, die darin einen strategisch wertvollen Punkt im mittleren Eisacktal für den Schutz ihrer Krönungs- und Heerzüge nach Italien und Rom sahen.

Schon der vermutlich erste Bischof, ein Marcianus, vorher möglicherweise Bischof zu Augsburg, vertraute sich dem naturgegebenen Schutz des Bergkegels an. Durch eine Grabinschrift aus Grado wissen wir von diesem Marcianus folgendes: »... er lebte als Bischof 44 Jahre und verbrachte wandernd wegen des Glaubens 40 Jahre«. Seinerzeit gab es auf dem Gipfel bereits eine Kirche mit Taufraum. Ihr Bau wird in das 5. oder 6. Jahrhundert datiert.

Dem vorkarolingischen Gotteshaus folgte im 9. Jahrhundert die eigentliche Bischofskirche. Ihre Reste konnten bei den Ausgrabungen zwischen 1978 und 1980 unter der Heilig-Kreuz-Kirche festgestellt werden. Im selben Jahrhundert wird eine Bischofsburg auf der luftigen Höhe erwähnt, was insofern Beachtung verdient, als keine andere Burg im Eisacktal über das 11. Jahrhundert zurückreicht.

Mit dem ausklingenden 10. Jahrhundert verlegte das Bistum unter Bischof Albuin seinen Sitz von Säben nach Brixen. Als in der zweiten Hälfte des 15. Jahrhunderts das christliche Abendland vor den Türken zitterte, erinnerten sich die Bischöfe wieder des schützenden Berges und ließen ihnen stärker befestigen und bewaffnen, um sich für alle Fälle einen Zufluchtsort zu sichern. Zwischen der Heilig-Kreuz-Kirche und der Klosterkirche (damals noch Palas) wurde 1482 eine tiefe Zisterne gegraben. Bis dahin holte man sich das Wasser mittels einer Leitung vom hangseitigen Weiler Pardell. Die Türken stießen bekanntlich nicht bis ins Eisacktal vor. Säben blieb ein stolzer Komplex bis zur Kassiansnacht (13. August) 1533: Ein Blitz schlug ein und hinterließ schwerste Schäden. Erst Mitte des 17. Jahrhundert setzte ein Neuausbau

Alternative für den Abstieg
Klosterbezirk durch einen Tunnel in Richtung Pardell verlassen. Steil bergab (Drahtseile). Unten, gleich nach der Brücke, rechts in schmalen Weg einschwenken und auf dem Promenadenweg in langgezogenen Serpentinen zur Burg Branzoll und nach Klausen. Insgesamt knapp 1 Stunde.

In der Kassiansnacht
(13. 8.) von 1533 wurde Säben durch Blitzschlag schwer beschädigt.

Sperrmauer mit Schwalbenschwanzzinnen, Herrenturm und Marienkapelle in Säben.

ein. Die Initiative war vom Klausener Pfarrer Dr. Matthias Jenner ausgegangen. Bürger stifteten in Erfüllung eines Pest-Gelübdes die Liebfrauenkirche. An der Stelle des Palas, genau neun Meter tiefer als der Gipfelpunkt, wurde am 25. Oktober 1693 die Klosterkirche geweiht. Benediktinerinnen aus dem salzburgischen Nonnberg zogen ein und erfüllten Säben mit klösterlichem Leben. Schwestern dieses Ordens sind heute noch auf dem heiligen Berg. Säben steht im Range einer Abtei, geführt von der Regensburger Verlegerstochter Marcellina Pustet.

Beim Aufstieg stoßen wir zunächst auf die untere Sperrmauer. Rechts unterbricht der fünfgeschossige Herrenturm die Reihe der Schwalbenschwanzzinnen. Dahinter ist die Marienkapelle und Liebfrauenkirche.

Ein mittelalterlicher Durchlaß bringt uns in den ausgedehnten Klosterbezirk. Linkerhand bietet sich über die Mauer hinweg ein faszinierender Tiefblick in das

Tal des Thinnebaches. Sein Name wird mit der etruskischen Göttin Tinna in Zusammenhang gebracht.

Durch einen Tunnel betritt man den Innenbezirk der alten Hochburg. Als erstes begegnet dem Besucher die Klosterkirche. Für ihren Bau wurden Teile des ehemaligen Palas verwendet (romanische Fenster an der Südwand), der eine Fläche von 12,30 x 23,50 Meter einnahm.

Auf der Spitze des Berges ragt der Kassianturm mit Ansätzen der mittelalterlichen Ringmauer empor. Der Turm bildet einen Teil der einstigen Hochburg, deren Grundriß einem rechtwinkeligen Dreieck entsprach. Im Turm sei der hl. Kassian gefangen gehalten und gefoltert worden, liest man gelegentlich. Doch diese Annahme gehört ebenso der frommen Legende an wie die Gründung des Bistums Säben durch Kassian: Der erste Bistumspatron wurde nämlich in Imola von seinen Schülern im Jahre 304 mit Metallgriffeln erstochen. Lediglich ein Armknochen des Heiligen gelangte 1705 nach Brixen und wird dort am zweiten Sonntag nach Ostern im Rahmen einer Prozession verehrt.

Über die Erbauungszeit der Heilig-Kreuz-Kirche auf dem Säbener Gipfel herrschte lange Unklarheit. Nun steht fest, daß sie im letzten Viertel des 13. Jahrhunderts entstanden ist, als Meinhard II. in Tirol regierte. Ein gotischer Umbau hat 1406 stattgefunden.

An die Heilig-Kreuz-Kirche ist eine Kapelle angebaut (15. Jahrhundert). Von dort bietet sich ein großartiger Blick ins Eisacktal und auf das malerische Städtchen Klausen.

Wanderkarte
1:50 000 Freytag-Berndt-Wanderkarte, Blatt 1.

Aussicht
von der Kapelle an der Heilig-Kreuz-Kirche ins Eisacktal und auf Klausen.

8

Trostburg – ein Wahrzeichen des Eisacktals

Nach wehrarchitektonischen Vorstellungen des Mittelalters ist die Lage der Trostburg klassisch zu nennen: ein Geländesporn hoch über dem Eisacktal an der Mündung des Grödner-Tals, halbwegs zwischen Brixen und Bozen, allseits natürlich geschützt.

Anfahrt
Im Eisacktal nach Waidbruck am östlichen Ufer; von Bozen 23 km. Nächste Autobahn-Ausfahrt (6 km) ist Klausen–Gröden. Bahnstation.

Geschützt ist die Lage der Trostburg selbst auf der Hangseite, deren Steilheit das Aufstellen von Wurfmaschinen nicht zuließ. Und auf einem Hügel darüber, von wo wirkungsvoller Beschuß möglich gewesen wäre, erbaute man ein Vorwerk in Form eines Turmes (»Römerturm«).

Hinsichtlich der Herkunft des Namens lesen wir in einer Urkunde aus dem Jahre 1173 von einem »Cunrat de Trostperch«. Dieser Konrad, Angehöriger einer Seitenlinie der Herren von Kastelruth, dürfte der erste Burgherr gewesen sein und für die ältesten Baulichkeiten – Bergfried und Palas – gesorgt haben.

Die Geschichte der Trostburg ist eng verflochten mit dem Werden des Geschlechtes von Wolkenstein: Friedrich hatte 1360 Katharina von Villanders geheiratet, deren Vater vom Landesfürsten mit der Trostburg belehnt worden war. Durch die Heirat ging sie an den Wolkensteiner über; von ihm 1407 an seinen ältesten Sohn Michael, einen Bruder des berühmten Oswald von Wolkenstein (siehe Hau-

Trostburg, aus dem Eisacktal gesehen.

Trostburg mit Torbauten.

enstein). Der Familie Wolkenstein entstammte auch Veit, 1491 die Nebenlinie Wolkenstein-Rodenegg gründete.

Engelhard Dietrich Freiherr von Wolkenstein, ein studierter und im Geiste des Humanismus verwurzelter Mann, ließ als Dreißigjähriger ab 1596 die Burg nahezu vollständig erneuern. Dabei spielte der Gesichtspunkt eines eventuellen Angriffes mit Feuerwaffen eine Rolle. Die Arbeiten zogen sich über drei Jahrzehnte hin. Ergebnis: Ein starker Wehrgürtel mit drei Türmen, aus denen Kanonenscharten starren, sowie ein Außenzwinger. Davon abgesehen schuf der Wolkensteiner den Arkadenhof, den Rittersaal mit prächtigem Stuck und einer Ahnengalerie. Er ließ überall - sogar an der Scheune - Fassadenmalereien anbringen. Man weiß von ihm, daß er »mit Bewilligung des Weihbischofs von Brixen die Kapelle erweitern, eine Sakristei erbauen, den

Wanderkarte
1:50 000 Freytag-Berndt-Wanderkarte, Blatt 1.

Altar errichten und die ganze Kapelle mit Gemälden und Bildern habe ausschmükken lassen«. Das war im Jahre 1604 gleichzeitig mit der Fertigstellung des Treppenaufganges im inneren Burghof. An der Haupttreppe sind drei römische Inschriftensteine eingemauert. Bei den Texten handelt es sich im einzelnen um Weiheformeln eines Isis-Altares, für den orientalischen Lichtgott Mithras und seinen Begleiter Sol sowie für den Gott Mars.

1970 überließen die Wolkensteiner ihre Burg dem Südtiroler Burgeninstitut, das die angerichteten Schäden durch bemerkenswertes Engagement weitgehend beheben ließ. Im alten Torturm kann die größte »Torggl« Südtirols besichtigt werden. Die Zirbenstube wurde gelungen restauriert. Ausstellungen über die Geschichte der Wolkensteiner sowie über das Leben auf Burgen erweitern den historischen Blick.

Zugang
Beim Oswald-Wolkenstein-Platz beginnt der steil ansteigende Schloßweg. Nach 20 Minuten wird der Torturm der Trostburg erreicht.
Weniger steil, aber länger (ca. 35 Minuten) ist der Zugang vom Oswald-Wolkenstein-Platz auf der Straße parallel zum Bahnkörper in Richtung Kastelruth. Nach dem Friedhof links und über einen Weg in langen Schleifen zur Höhe der Trostburg.

Führungen
Stündlich zwischen 10.00 und 12.00 und 14.00 und 17.00 Uhr. Auskünfte in Waidbruck, Restaurant Gehring, oder beim Verkehrsverein (Tel. 0471/654156).

9

Wolkenstein – Raubritternest in Gröden

Oswald von Wolkenstein ist der berühmteste Sproß des Geschlechts, das in diesem Felsennest seinen Ursprung hat. Die Burgruine, die sich so wenig von der Felswand unterscheidet, gibt der Phantasie bei einer Erkundung reiche Nahrung.

Anfahrt
Aus dem Eisacktal entweder von Waidbruck oder von der Autobahn-Ausfahrt Klausen ins Grödner-Tal nach Wolkenstein. Außerdem Zufahrt über das Grödner Joch, über den Sellapaß oder von Kastelruth.

Von den Urlaubern in Wolkenstein, den Tausenden sommers wie winters, fällt nur wenigen die Burgruine in der Steviawand am Eingang des Langentales auf – etwa 50 Meter oberhalb vom Fahrsträßchen an der Grenze des Naturparkes Puez-Geisler, scheinbar hingeklebt an den Fels und damit verwachsen. Man muß schon bewußt gucken, muß ihren Standort wissen, um die Mauern ausmachen zu können, die sich kaum unterscheiden vom bräunlich-rötlichen Gelb und vom Grau der Felswand: eine ideale Tarnung des ehemaligen Raubritternestes.

Dort haben die Wolkensteiner, deren berühmtester Sproß Oswald war (siehe auch Hauenstein, Greifenstein), namentlich ihren Ursprung. Oswalds Urgroßvater Randold von Villanders, einem Geschlecht, das während des Spätmittelalters in Tirol großen Einfluß gewann, erwarb am 25. April 1293 die Rechte auf Burg und Gericht Wolkenstein, und zwar von den Söhnen des Heinrich von Kastelruth um 64 Mark Berner (»Berner« ist ein Pfennig aus Verona), seinerzeit vergleichbar mit nicht ganz 27 Pfund Silber. Unter Randold bzw. seinem Burghauptmann hatte die Bevölkerung nichts zu lachen. Mit Gewalt nahm er den Bauern was sein Herr begehrte. Manchmal auch noch mehr – Frauen und Töchter des einfachen Volkes. Randolds Zielsetzung war die eines gemeinen Raubritters. In seinem Sinne lag offenbar weniger die Bewachung des alten Paßweges aus dem Langental über das Grödner Joch nach Colfuschg, das noch zur Hochgerichtsbarkeit von Wolkenstein gehörte, sondern einzig und allein die hemmungslose Ausbeutung seiner Untertanen. Als Randold 1319 starb, war sicherlich ein Aufatmen durch die gequälte Kreatur dies- und jenseits des Grödner Joches gegangen. Ob sich allerdings sein ältester Sohn Konrad als Nachfolger tatsächlich humaner aufgeführt hat, weiß man nicht; zumindest sind keine Anklageschriften wie gegen seinen Vater bekannt.

Konrad, der Großvater Oswalds, tritt 1370 als erster mit dem Namen »von Wolkenstein« auf. Sein Sohn Friedrich – und damit sind wir beim Vater Oswalds – gelangte durch Heirat in den Besitz der Trostburg. Dort ließ es sich schon besser leben als im gottverlassenen inneren Gröden.

Obwohl die Burg Wolkenstein durch die Jahrhunderte im Lehensbesitz der Familie blieb, ließen sich ihre Vertreter selten sehen. Ihre Interessen vertraten Pfleger und ein Richter. Die Wolkensteiner stiegen 1476 in den Freiherrenstand auf. Als Erbtruchsessen des Hochstiftes Brixen oblag ihnen dessen Fürsorge.

Zugang
Von der Kirche in Wolkenstein zu Fuß oder mit dem Auto in Richtung Langental. Beim letzten Privathaus vor einer Kuppe des Sträßchens beschränkter Parkraum. Kurz vor dieser Kuppe zeigt ein Wegweiser links zur Ruine Wolkenstein.
Mit dem Steiglein ansteigen, nach knapp 10 Minuten bei einer Rastbank scharf rechts, dann in fünf Minuten, zuletzt über Holzbohlenstufen (Steinschlaggefahr!) zur Schildmauer des Zwingers.

Wolkenstein, das Raubritternest in Gröden.

Unter Engelhard Dietrich von Wolkenstein (1566–1647), einer hochgebildeten Persönlichkeit (siehe auch Trostburg) und einem Vorkämpfer der Gegenreformation in Südtirol, löste die Fischburg - im Hang gegenüber von St. Christina - die Burg Wolkenstein als Gerichtssitz ab. Baubeginn: um 1620. Es handelt sich also um die am spätesten fertiggestellte, befestigte Wohnburg in Südtirol. Zwei Loggienhöfe bilden den Mittelpunkt der Anlage. Abgesehen von ihrem Zweck als Jagdschloß und Sommersitz des Trostburger Zweiges der Wolkensteiner, bewachte sie die Grödner Talstraße. Ihr Besitzer schätzte die umliegenden Weiher für seine Liebhaberei, die Fischzucht. Heute macht die Fischburg bedauerlicherweise einen stark vernachlässigten Eindruck. Sie befindet sich seit 1930 im Besitz des italienischen Barons Franchetti. Zeitweise ist eine teilweise Besichtigung möglich.

Je weniger der vom Eisacktal über Lajen und St. Christina seit heidnischer Zeit ins Langental verlaufende Saumpfad »troy pajàn« die Anforderungen der neuen Zeit erfüllte, desto mehr hatte Wolkenstein an Bedeutung eingebüßt. 1515 wird noch ein Pfleger namens Jacob Morell erwähnt. Um 1520 riß Steinschlag einen Teil der Ostmauer des mehrgeschossigen Wohnturmes in die Tiefe. Heute steht vom Turmpalas nur mehr die Südfront. Der Wandputz sowie die Einfassungen der Fenster und Eingänge gehören der jüngsten Restaurierung am Ende der siebziger Jahre an, durch welche die Ruine vor weiterem Verfall gerettet werden konnte. An den beiden oberen Fenstern sind Seitenbänke angebracht. Sie

Die jüngste Restaurierung wurde Ende der siebziger Jahre vorgenommen. Sie verhinderte den weiteren Verfall der Ruine.

Wanderkarte 1:50 000 Freytag-Berndt-Wanderkarte, Blatt 5.

dürften zu einer Zeit ausgemauert worden sein, da einigermaßen wirkungsvolle Fensterverschlüsse zum bequemen Sitzen sowie zur Ausschau das ganze Jahr über einluden. Und diese Ausschau richtet sich auf eine prächtige Hochgebirgslandschaft: Der riesige Felsleib des Langkofels, der gewaltige Sellastock, dazwischen der weite Sattel des Sellapasses.

Dem Wohnturm vorgelagert ist ein kleiner Zwinger als einziger Zugang. Holztreppen leiten ins erhöhte Erdgeschoß des Wohnturmes, dessen Zugang für Feinde schwer erreichbar war. Schräg rechts über dem Haupteingang betrat man vom Wehrgang (nicht mehr vorhanden) aus durch einen kleinen Rundbogen die Wohnräume. Über dem Haupteingang ist ein Wappenstein (Kopie) des Michael von Wolkenstein eingelassen (wie am »Pfaffenturm« der Trostburg), des älteren Bruders von Oswald. Michael war 1407 die Burg Wolkenstein als Erbe zugegangen.

Unter dem erhöhten Erdgeschoß sucht man den Keller. Dort soll Oswald einen Teil des Schmuckes, den er mit seinem jüngsten Bruder, Leonhard, der Gattin (und Schwester seiner Frau) des Michael in der Trostburg gestohlen hatte, versteckt haben.

Von der einstigen Burgküche führt ein teilweise gesicherter Felssteig zum früheren Brunnenhaus.

Die Burgküche wird an der Stelle der eingestürzten Nordmauer vermutet, von wo ein schmaler, stellenweise drahtseilgesicherter Felssteig (Steinschlaggefahr!) zum einstigen Brunnenhaus in einer höhlenartigen Nische führt.

Auf Grund des verhältnismäßig einfachen Mauerwerkes der Gesamtanlage kann als Erbauungszeit das frühe 13. Jahrhundert gelten.

10

Hauenstein - wo Oswald von Wolkenstein lebte

So ungewöhnlich das Leben des Ritters, Dichters, Komponisten, Musikers und Sängers verlief, so ungewöhnlich ist auch der Standort seines Wohnsitzes südlich von Seis im Schatten des Schlern: ein riesiger Dolomit-Felsblock in 1200 Metern Höhe.

Oswald von Wolkenstein stellt die schillerndste Figur in der spätmittelalterlichen Geschichte Südtirols dar. Als Geburtsstätte (1377) wird Burg Schöneck im Pustertal angenommen. Gestorben ist er am 2. August 1445 in Meran, beigesetzt im Kloster Neustift. Seine Lyrik sehen Wissenschaftler (H. Rößler) als ein »erstes großes Symbol, wie sich nach der Auflösung der spätmittelalterlichen Adelskultur und ihrer Formen ein deutscher Humanismus bilden konnte«. Vom abenteuerlichen Leben des »letzten Minnesängers« erfahren wir in der zweiten Strophe eines autobiographischen Liedes:

»Nach Preußen, Litauen. Und Tatarei, Türkei und Syrien; nach Frankreich, Norditalien, Spanien. Mit zwei Königsheeren (ich zog umher im Liebesdienst, doch zahlte selbst!) mit Ruprecht, Sigmund: beide mit dem Adlerzeichen. Französisch und arabisch, spanisch, katalanisch, deutsch, lateinisch, slawisch, italienisch, russisch, griechisch - zehn Sprachen habe ich benutzt,

Anfahrt
Aus dem Eisacktal (Blumau, östlich von Bozen) oder aus dem Grödner-Tal (St. Ulrich) nach **Seis;** regelmäßige SAD-Busverbindungen.

Hauenstein; Aufgang zum Palas des 15. Jahrhunderts.

Der »letzte Minnesänger« muß nach der zitierten Strophe eines autobiographischen Liedes ein abenteuerliches Leben geführt haben.

wenn's nötig war. Auch konnt ich fiedeln, trommeln, pauken, flöten. Ich habe Inseln, Halbinseln und manches Land umfahren auf Schiffen, deren Größe mich bei Sturm beschützte; so bin ich auf den Meeren hin und hergesaust. Das Schwarze Meer, es lehrte mich ein Faß umklammern, als (großes Pech!) die Brigantine unterging. Da war ich Kaufmann, kam davon mit heiler Haut, ich und ein Russ; in dem Getose fuhr mein Kapital samt Zins zum Meeresgrund; ich aber schwamm zur Küste.«

Ein repräsentatives Brustbild, das sich im Besitz der Universitätsbibliothek Innsbruck befindet, vermittelt den aufschlußreichsten Blick in die Physiognomie und in das Wesen des Wolkensteiners. Er scheint gegenwärtig zu sein in seiner kraftvollen, klugen, raffinierten Art. Im derben Gesicht eine stumpfe Nase, an der linken Unterlippe eine Narbe von einem Raufhändel, das rechte Auge - als Kind beim Spiel eingebüßt - geschlossen. Auf dem massigen Schädel die pelzverbrämte

Zugang
Vom Gasthof zur Post (Parkraum Bushaltestelle) auf der Straße Richtung Völs. Am Ortsende über einen Bach. Unmittelbar danach links, kurz darauf rechts auf einer Fahrstraße zum ehemaligen Hotel Salegg. Beim großen Felsblock links und Weg Nummer 3 b hinauf zu den Mauerresten der 1184 erstmals erwähnten Burg Salegg.
Auf der Südseite der Ruine auf einem schmalen Hangpfad ostwärts in 10 Minuten zu einem breiteren Weg. Rechts bergan in weiteren 10 Minuten zum Burgfels von Hauenstein. Um den Block herum zur Hangseite und mittels Steiganlage zur Ruine Hauenstein. Von Seis 1 Stunde.

Rückweg
Mit Weg Nummer 8 zu einer Gabelung. Links halten zu einem breiten Weg. An seiner Linkskurve rechts (Holzwand) und einem Pfad folgen, die Natur-Rennrodelbahn kreuzen und mit der 8 zum eisernen Steg über den Ratzesbach. Etwa 10 Minuten später trifft man bei den ersten Häusern von Seis ein. Den Parkplatz des Hotel Waldrast überqueren und zur Hauptstraße. Auf ihr rechts zur »Post«. Insgesamt 1½ Stunden.

Kappe, unter der dichtes Haar hervorquillt: Oswald von Wolkenstein in einem Alter von etwa 55 Jahren.

Juristisch war Hauenstein allerdings gar nicht seine Burg. Er hatte lediglich ein Drittel von Hauenstein samt Wald, Vogtei, Untertanen und Lehensleuten von seinen Eltern geerbt. Der Rest war nach dem Tode des letzten Hauensteiners an dessen Schwester Barbara übergegangen. Diese Tatsache, ja selbst ein landesherrlicher Schiedsspruch des Jahres 1397 bezüglich der Eigentumsrechte, scherte den Wolkensteiner wenig (oder gar nicht). Unnachgiebig hielt er an Hauenstein fest.

Wieder flammte der Erbstreit auf. Oswald geriet ins Ränkespiel der Politik, landete im Kerker der Fahlburg (in Prissian), wurde im Schloß Forst eingesperrt, gefoltert, so, daß er von da an hinkte. Er zahlte aber nicht einen Heller des von seinen Peinigern gewünschten Lösegeldes in Höhe von 6000 Gulden, wurde aber-

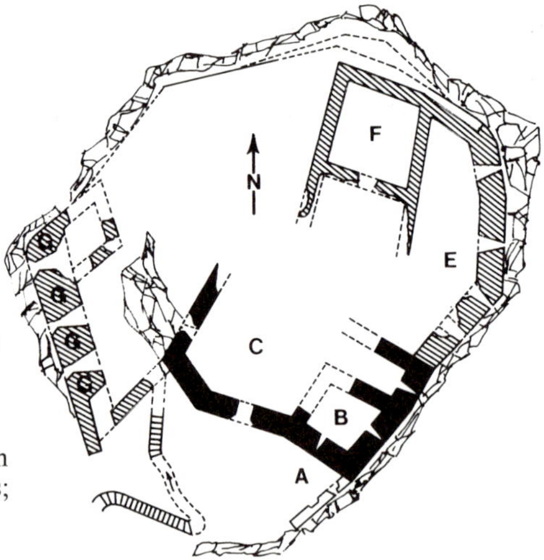

Grundriß von Hauenstein
A = Palas des 15. Jahrhunderts; B = Bergfried; C = »Festes Haus« (alter Palas); D = Wirtschaftsgebäude; E und F = Anbauten des 16. Jahrhunderts; G = Geschützstände.

mals ins Loch geworfen. Der Dickschädel zeigte keinerlei Einsicht, und schon gar keine Kompromißbereitschaft. Er blieb sein Lebtaglang auf Hauenstein, zusammen mit seiner Frau Margarethe von Schwangau und den sieben Kindern, fünf Söhnen und zwei Töchtern.

Am höchsten Platz des Felsblockes erhebt sich der 900 Jahre alte Bergfried in Form eines unregelmäßigen Vierecks (6x7 m), immerhin noch mehr als neun Meter hoch, mit 1,60 Meter starken Außenmauern. Der in drei Geschosse unterteilte Turm ist aus einem sogenannten »Festen Haus« (alter Palas) hervorgegangen und war von Anfang an ein Wohngebäude, ganz im Gegensatz zu den meisten anderen Bergfrieden. Das »Feste Haus«, von dem noch Teile der Süd- und Westmauer stehen, erstreckt sich vom Turm etwa 10 Meter gen Westen. Die Mauerreste an der Südostecke des Bergfriedes gehören einem Wohnbau des 15. Jahrhunderts an. Der turmartige Anbau an der Nordseite des Bergfriedes geht auf die Ausbauarbeiten des 16. Jahrhunderts zurück, dürfte aber schon viel früher als Wirtschaftsgebäude errichtet worden sein. Während des letzten Um- und Ausbaues erhielt die Anlage eine beachtliche Erweiterung nach Norden sowie auf der Ostseite vier Geschützstände. Von der Burgkapelle weiß man nicht mehr den Standort.

Im 19. Jahrhundert holten sich Bauern von Hauenstein das Material zum Hausbau und ließen eine klägliche Ruine zurück. Durch Oswald von Wolkenstein aber lassen die übriggebliebenen Mauerstümpfe phantasievollem Schwärmen freien Lauf.

Wanderkarte
1:50 000 Freytag-Berndt-Wanderkarte, 1.

Als Steinbruch
diente Hauenstein im 19. Jahrhundert.

11
Prösels - zu neuem Leben erweckt

Schloß Prösels - in aussichtsreicher Lage 500 Meter über der Sohle des unteren Eisacktales, im Bergschatten des Schlern und in Sichtweite von Völs - bereichert die Südtiroler Kulturlandschaft.

Anfahrt
Auf der Straße, die das untere Eisacktal (Blumau, 6,7 km) mit Völs bzw. mit der Seiser Alm verbindet. Etwa 3 Kilometer südlich von Völs ist bei der SAD-Bushaltestelle in einer Straßenkurve beschränkter Parkraum vorhanden. Von dort entweder zu Fuß oder mit dem Wagen auf steilem, schmalen Sträßchen (Wanderweg 5) bergan (1,3 km) zu dem unter Leonhard von Völs-Colonna errichteten Burgmeierhof, wo ebenfalls eingeschränkter Parkraum zur Verfügung steht. Von

Vorab muß an dieser Stelle dem »Kuratorium Schloß Prösels« ein großes Kompliment ausgesprochen werden. Einer Initiative von Privatleuten ist nämlich etwas gelungen, was sich ansonsten in Südtirol über Jahre hinzieht: Mustergültige Instandsetzung und Restaurierung eines heruntergekommenen, ausgeplünderten Schlosses in kürzester Zeit. Am 9. April 1981 hatte sich der Gönnerkreis instituiert - Mitte August 1982 konnte Prösels der Öffentlichkeit schon zur Besichtigung angeboten werden. Zwei Jahre nach dem Tode des letzten Besitzers (seit 1952), dem Landwirt Alois Mathà, erwarb das Kuratorium Schloß Prösels »so wie es liegt und steht« samt 6,30 Hektar verpachtetem Kulturgrund und 14,35 Hektar Wald zum Preis von 600 Millionen Lire (ca. 1110000 DM); die anfänglichen Forderungen der Erben lagen bei rund 3 Millionen Mark. Sanitäre Anlagen und die Kustoswohnung verschlangen weitere 170000 Mark, die Dachsanierung etwa 180000 Mark. Zwei Drittel der Kaufsumme wurden durch die öffentliche Hand gedeckt. Der Restbetrag für zusätzliche Ausstattung sowie für die Erhaltungskosten soll durch Spenden, Gedenkmünzen und durch die Eintrittsgelder beglichen werden.

Die Kuppe von Prösels war nachweislich schon in vorgeschichtlicher Zeit besiedelt. In einer Urkunde des Jahres 1279 taucht zum ersten Mal ein »castrum presil« auf. Mitte des 14. Jahrhunderts wird bereits der Pulverturm als »turm, der ober der veste gelegen ist«, erwähnt. Und hundert Jahre später erscheint ein Caspar von Völs als alleiniger Träger des Lehens Prösels und des damit zusammenhängenden Gerichtes Völs. Einer seiner beiden Söhne, Leonhard, 1458 geboren, nahm zwischen 1498 und 1530 die machtgebende Stellung des Landeshauptmanns an der Etsch und Burggrafen von Tirol ein. Um einen Ursprung seines Geschlechtes aus der Antike nachzuweisen, wie in der Renaissance gerne praktiziert, fügte er seinem Namen das Colonna hinzu. Die Familie Colonna stammte nämlich aus der antiken Stadt Tusculum (heute Frascati) im Albanergebirge südöstlich von Rom. Leonhard soll einem Marcantonio Colonna bei der Verteidigung von Lepanto (1477) das Leben gerettet haben und von dessen Familie 1498 mit dem Privileg des alten Namens ausgestattet worden sein.

Die Bauernaufstände des frühen 16. Jahrhunderts hinterließen auch in Südtirol Verwüstungen und forderten hohen Blutzoll. Dort schürte Michel Gaismair aus der Gegend um Sterzing als »Lutherischer« den Aufruhr. Sein Ziel war zweifellos eine Art Bauernrepublik nach vorkommunistischen Ideen. Seine reformatorischen The-

dort durch eine Allee zum nahen äußeren Torturm. Vom Burgmeierhof ist auch möglich, auf dem Fahrsträßchen durch den Weiler Prösels, an der Gaststätte vorbei, den Pulverturm aufzusuchen: äußere Seitenlängen des Grundrisses 7,65 bzw. 7,70 Meter, derzeitige Höhe etwa 13 Meter, Mauerstärke knapp 2 Meter; dürfte zeitweise als Pulvermagazin gedient haben.

500 m über dem unteren Eisacktal erhebt sich Schloß Prösels.

sen fanden unter dem geknechteten Landvolk scharenweise Anhänger. Zunächst aus Schweizer, später aus venezianischem Exil bei Padua versuchte er in Tirol einzufallen, um seine Vorstellungen zu verwirklichen. Damit mußte sich Leonhard von Völs-Colonna auseinandersetzen. Der Landeshauptmann hatte angesichts der unruhigen Zeiten ab 1517 den Familiensitz ausbauen und erweitern lassen, entsprechend maximilianischem Zeitgeist und Befestigungsstil. Die Hochburg umschlang nach 1521 ein 320 Meter langer Mauerring, wodurch Zwinger ent-

Rundwanderung zum Schloß Prösels
Siehe Helmut Dumler, Rundwanderungen Westliche Dolomiten. Fink-Kümmerly + Frey Verlag, Ostfildern.

Führungszeiten
In den Monaten mit Sommerzeit täglich (außer Montag) um 10.00, 11.00, 15.00, 16.00 und 17.00 Uhr; ansonsten um 10.00, 14.00 und 15.00 Uhr, Montag ausgenommen.

standen. Außerdem wurden der Anlage Basteien und Rondelle hinzugefügt. Leonhard soll sich weniger auf dem damals baufälligen Schloß Tirol - dem offiziellen Sitz des Burggrafen - aufgehalten haben, sondern hauptsächlich in Prösels, das aber trotz seines modernen Wehrsystems dem Angriff aufständischer Bauern nicht standhielt. Ihr Überfall erfolgte am 4. Mai 1525, als Leonhard gerade abwesend war. Die Rebellen fanden im Schloß, was sie suchten und was ihr Tun rechtfertigen sollte: Die Urkunde der Tiroler Freiheiten von 1342, welche u.a. dem Bauernstand ein

Aufständische Bauern überfielen Prösels am 4. Mai 1525, um die dort befindliche Urkunde der Tiroler Freiheiten von 1342 zu erbeuten. Der Aufstand wurde jedoch niedergeschlagen.

Wanderkarte
1:50 000 Freytag-Berndt-Wanderkarte, Blatt 1.

politisches Mitspracherecht garantierte. Der Tiroler Adel indes ließ derartige demokratieähnliche Verhältnisse erst gar nicht aufkommen. Nach der Niederschlagung des Aufstandes stand der kleine Mann mehr im Fron als vorher. Von den Besetzern von Schloß Prösels verurteilte man sechs Bauern mit ihrem Anführer Hans Fraesen zum Tode auf dem Scheiterhaufen.

Leonhard von Völs-Colonna dürfte im menschlichen Bild dem Herrentyp an der Wende des Mittelalters entsprochen haben: anpassende Ausdauer gegenüber seinem Kaiser Maximilian I., in seinem Amt erhoben zu fürstlichem Großmut, befähigt zu verschlagenster Gaunerei, gewalttätiges Grausamsein in Hexenprozessen. Letzteres spricht keineswegs gegen aufgeschlossenes Renaissancedenken und auch nicht gegen die Person als Christ: Papst Innozenz VIII. hatte bereits 1484 seine »Hexenbulle« (»Summis desiderantes«) erlassen, welche die Hexenverbrennung von höchster kirchlicher Stelle praktisch legalisierte. Der Völser war mit drei Frauen verheiratet. Seine letzte Gemahlin, Ursula Montfort, von der er einen schwäbelnden Dialekt angenommen haben soll, starb 1525. Leonhard verschied im Mai 1530 und wurde in der Familiengruft im Bozener Dominikanerkloster beigesetzt. Das Geschlecht der Völs-Colonna auf Schloß Prösels erlosch 1804 mit dem Freiherrn Felix. In der Folgezeit verfiel die Anlage unter wechselnden Besitzern. Bereits 1844 beschrieb der Topograph Staffler die Ruine als »ein großartiges Grabmonument untergegangener Herrlichkeit«.

Das Geschlecht Völs-Colonna auf Prösels erlosch 1804. Danach verfiel die Anlage.

Der äußere Torturm, durch den man das Schloßareal durch ein »Mannsloch« betritt, ist dreigeschossig mit Kammern der Torknechte. Bergauf stellt sich dem Besucher der Große Turm entgegen, ursprünglich eine Geschützbastion mit einem Durchmesser von 6 Metern und einer Mauernstärke von 1 Meter. Das Gebäude dahinter, links etwas unterhalb, diente einst dem Schreiner als Werkstätte. Die ehemalige Badestube am Burgaufgang ist spurlos verschwunden. Im Durchgang des Hochschloß-Torbaues befindet sich links an der Wand das Steinrelief eines

Die spätgotischen Wandmalereien an den Außenmauern des Arkadenganges.

Eine sehr ungewöhnliche Konstruktion ist die Zisterne, obwohl sie bei einer Führung nur am Rande erwähnt wird.

geflügelten Markuslöwen. Dabei handelt es sich allerdings nicht um ein Beutestück des Leonhard aus den Venezianerkriegen; es kam erst 1878 ins Schloß unter dem damaligen Besitzer Ritter Karl Meyer von Meyerfeld, einem Bayern, der auch die Steinskulptur mit der aufgesetzten Dogenmütze aus Italien brachte.

Der innere Burghof liegt 13 Meter höher als der äußere Torturm. Die Führerperson erklärt die spätgotischen Wandgemälde an den Außenmauern des Arkadenganges, den ein Netzrippengewölbe überspannt. Die Zisterne wird nur am Rande erwähnt, obwohl es sich um eine ungewöhnliche Konstruktion handelt, was man allerdings augenscheinlich nicht erkennen kann. Ihre Grundfläche, gestützt durch drei Pfeiler, entspricht einem unregelmäßigen Rechteck: Länge bis 8,90 Meter, Breite bis 5,72 Meter. Fassungsvermögen 7000 bis 7500 Liter.

Dem versierten Burgenfreund wird das offensichtliche Fehlen eines klassischen Bergfriedes auffallen. Ein solcher, angeblich 1835 eingestürzt, wird unter der Terrasse vor der Kapelle vermutet. Exaktes läßt sich nicht sagen, weil von Schloß Prösels keine Ansicht existiert, die über das Jahr 1837 zurückreicht.

Das Aussehen Prösels vor 1837 ist heute völlig unbekannt, da keine älteren Ansichten des Schlosses mehr existieren.

Vom Inventar des Schlosses ist kaum noch etwas erhalten. Allein in den zwei Jahren, in denen es zum Verkauf ausgeschrieben war, verschwanden aus dem Rittersaal die letzten Stühle zum großen Tisch sowie das bemalte und geschnitzte Geländer zur Empore. Umsomehr schätzt man als Besucher, mit welcher Liebe und Unauffälligkeit die Innenräume gestaltet worden sind.

12
Stein am Ritten – die weltverlorene Felsenburg

Erst viel zu spät habe ich erfahren, zu welcher Stunde man in der Burgruine sein soll: um drei Uhr nachmittags – dann wandle dort nämlich nach der Sage ein verzaubertes Ritterfräulein durch das verfallene Gemäuer.

Bei hochsommerlichem Wetter steigt man am besten frühmorgens auf, wenn sich die Hitze und Schwüle im Eisacktal noch nicht entfaltet hat. Auf der Fahrt über die alte Talstraße zwischen Blumau und Atzwang bekommt man nur einen Augenblick die Ruine zu Gesicht. Das ist kurz vor Steg: Links droben über der Schlucht des Steger Baches.

Stein am Ritten (Stein bedeutet Fels), im frühen 13. Jahrhundert erbaut und vom Bistum Trient als Lehen vergeben, gehört zu den abgelegensten Burgruinen in Südtirol. Und zu den ganz selten besuchten. Dabei besaß die Burg als mittelalterlicher Gerichtssitz erhebliche Bedeutung. Am 3. Juni 1347 war sie durch Verpfändung dem Landeshauptmann und Burggraf von Tirol, Engelbert von Villanders, zugefallen. Aber schon im darauffolgenden Winter belagerte der Intrigant Herzog Konrad von Teck die Burg Stein im Auftrage des Markgrafen Ludwig von Brandenburg, dem Ehemann der Landesfürstin Margarethe. Engelbert von Villanders habe sich

Anfahrt
Von Bozen auf der Eisacktalstraße 12 km aufwärts in Richtung Brixen – Brenner bis zum Gasthof Steg. SAD-Bushaltestelle, Bahnstation, Parkraum.

Zugang
Neben dem Gasthaus (südlich) auf markiertem Weg (Nummer 11). Bald wird die Burgruine sichtbar. Nach ½ Stunde sind wir beim Eggerhof. Hinter dem neuen Haus nicht halbrechts auf dem Fahrweg weiter, sondern halblinks davon ansteigen, vorbei an einem Marien-Bildstock, zum Obergenordnerhof. Zwischen Wohnhaus und Stadel durch. Anschließend links halten und stetig bergauf. Es vergeht insgesamt etwa 1 Stunde, bis an einer Rechtskurve des Weges Nummer 11 unsere Route links abzweigt. Abwärts zu einem verschlossenen Holzgatter. Links des Gatters unter dem Stacheldrahtzaun durchkriechen und hinunter zur Burgruine Stein. Von Steg etwa 1¼ Stunden.

Stein; Rundbogentor der Vorburg (unten) mit Eckquadern des Wohnturms.

hinter dem Rücken der Landesfürstin mit deren Feind, Karl IV., verbündet, lautete die Anklage. Im Februar 1348 mußte sich der Villanderer ergeben – und wurde enthauptet.

Beim Aufstieg fällt schon von weitem die stattliche Palasfront auf. Ihre untere Hälfte erfüllt ausschließlich den Zweck einer Substruktionsmauer, um auf dem eingeschränkten Raum des Felsstockes dem Palas einen Halt zu geben. Überhaupt: Stein bietet ein hervorragendes Beispiel für Sicherheit als primäre Forderung des Burgenbaues vor der Bequemlichkeit – ein charakteristisches Merkmal fast aller mittelalterlichen Höhenburgen. Man kann dies heute noch an vielen Ruinen beobachten.

Obwohl das Holzgatter am Eingang des Geländes verschlossen ist, erlaubt der Grundstückbesitzer, die ENEL (Ente Nazionale per l'Energia Elettrica) eine Besichtigung der Ruine. Man muß nur wissen, wie man zum Eingang gelangt.

Der Burgeingang befindet sich auf der Nordseite. Wie man sieht, liegt der Eingang in die einst von Zinnenmauern umgebene Vorburg etwa vier Meter über dem Boden, früher erreichbar über eine Holzbrücke. Wir »kraxeln« unterhalb des Rundbogentores linkshaltend empor in die Vorburg und gelangen auf Steigspuren zu einem zwei Meter hohen, 1,15 Meter breiten, rundbogigen Eingang, dem vermutlich ein Tor vorgesetzt war. Das Gebäude (ein zweiter Wohnturm?) zur Linken ist verfallen. Rechts erhebt sich ein turmähnliches Bauwerk. Die Quadern an seiner äußeren Nordwestseite bestehen aus weißem, glatten Granit – offenbar eine

Zierde. Es handelt sich um keinen Bergfried im üblichen Sinne, sondern um einen Wohnturm.

Das Hauptwohngebäude, der eigentliche Palas, ist vom Turm durch einen Gang getrennt und liegt etwas tiefer. Seine Breite beträgt 17 Meter. Ebenerdig befindet sich der Keller, erhellt durch vier Lichtschlitze. Mit Sicherheit lagerten dort die Fässer voll Wein, welche im Inventarverzeichnis von 1448 aufgeführt sind. Darin erscheint auch eine »kirchen« mit »meßgewantt, chelch, meßpüchl, lamppn« usw. Die Burgkapelle konnte noch nicht lokalisiert werden.

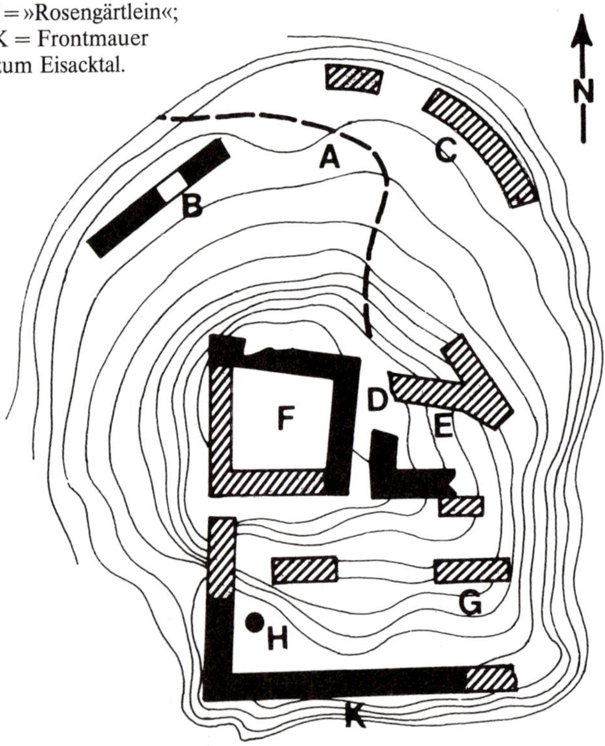

Grundriß von Stein am Ritten
A = Wiesensattel (einst Holzbrücke) unterhalb der Vorburg;
B = Rundbogentor der Vorburg;
C = wahrscheinlich Wirtschaftsgebäude;
D = Zugang zum Rundbogen;
E = eingefallenes Gebäude;
F = Wohnturm;
G = Palas;
H = Zisterne;
I = »Rosengärtlein«;
K = Frontmauer zum Eisacktal.

Auf der Ostseite ist die lange Zeit dem Verfall ausgesetzt gewesene Palasmauer in die Tiefe gestürzt. Die gut erhaltene Südwand des Wohnbaues vermittelt Tiefblicke in die urwilde Schlucht des Steger Baches, in den lange Geröllreißen hineinziehen. Jenseits des Eisacktales sieht man auf der Höhe Schloß Prösels.

Im ersten Obergeschoß wohnten die Herrschaften. Der rundbogigen Sölleröffnung, mit bearbeitetem Rotsandstein eingefaßt, muß ein Erker vorgebaut gewesen sein. An einem Flachbogenfenster sind gotische Seitenbänke vorhanden. Dagegen weist die Westmauer neben zwei Abortöffnungen lediglich Lichtschlitze auf. Über dem ersten Stockwerk befand sich ein weiteres Geschoß.

Vor der westlichen Innenwand des Palas gähnt die runde Öffnung der Zisterne. Einst sieben Meter tief, ist sie zwischenzeitlich durch eingestürztes Mauerwerk leider fast bis oben hin aufgefüllt, so daß man die technische Leistung, die von ihren Erbauern erbracht worden ist, nicht mehr so recht nachvollziehen kann. Zisternen lagen im allgemeinen unter freiem Himmel, um das Regenwasser ungehindert sammeln zu können. Die Erbauer von Stein haben sich bedingt durch den sehr begrenzten, zur Verfügung stehenden Raum ganz offensichtlich eine andere Lösung der Wasserversorgung ausgedacht, das heißt, die Zisterne von Fall zu Fall mit Wasser gefüllt. An der Südwestecke des Turmbaues, außerhalb eines Rundbogens, vermutet Weingartner ein »Rosengärtlein« der Burgherrin. In der Tat ein überaus luftiger Platz für ein Gärtlein, dazu noch felsig!

Wanderkarte
1:50 000 Freytag-Berndt-Wanderkarte, Blatt 1.

Ein Rosengärtlein der Burgherrin wird an der Südwestecke des Turmbaues vermutet!

13

Schloß Maretsch – am Talferufer von Bozen

Gar lieblich erscheint das Bild von der »Wassermauer« an der Talfer: Inmitten von Weingärten ein burgähnliches Schloß mit mächtigen runden Ecktürmen und einem fünfgeschossigen Bergfried, dessen Stattlichkeit durch die Anbauten sichtlich leidet.

Zugang
Zu Fuß: Vom Obstmarkt in die Museumstraße, vor der Talferbrücke rechts und auf der »Wassermauer« zu dem etwa 250 Meter entfernten Schloß.
Mit dem Auto: Durch die Via Claudia de Medici, die von der Wangergasse abzweigt, zum bewachten Parkplatz vor dem Schloß.

Es ist ein für Südtirol ungewohnter Anblick – ein Burgschloß in der Ebene, im freien, ungeschützten Gelände. Otto Piper, Mentor der systematischen und wissenschaftlichen Burgenforschung, findet dafür eine Erklärung: »Bei der Nähe der vorbeifließenden Talfer, gegen deren nach der Burg hinaustretendes Wasser man eine Schutzmauer (jetzt zu einer Promenade verbreitert) hat aufführen müssen, ist es durchaus wahrscheinlich, daß man in Ausnützung dieser dafür so günstigen Lage seinerzeit nicht unterlassen hat, die Burg mit einem Wassergraben zu umziehen, wie es andererseits sich gewissermaßen von selbst versteht, daß man im Laufe der letzten Jahrhunderte diesen nutzlos gewordenen Ringgraben zu besseren Ausnutzung des wertvollen Grund und Bodens wieder eingeebnet hat«.

Bergfried und Palas sind die ältesten Teile, aus dem späten 12. Jahrhundert, als ein Berthold von Bauzanarius (Bozen) den Kern der Anlage erbauen ließ. Seine Söhne Albert und Meinhard traten 1240 als Herren von Maretsch auf. Gegen Ende des 14. Jahrhunderts erlosch das Geschlecht im Mannesstamm mit Volkmar von Maretsch.

Um seine Tochter Klara rankt sich eine rührselig-ergreifende, in unterschiedlichen Versionen erzählte Geschichte: Ihr Verlobter, ein Ritter namens Theobald, sei nach jahrelanger Abwesenheit im Heiligen Land wieder nach Maretsch zurückgekehrt, im Herzen zweifelnd an der Treue seiner Klara. Um sie zu prüfen, schlüpfte er ins abgerissene Gewand eines Bettlers und klopfte am Burgtor. Das Mädchen öffnete. Enttäuscht! Sie sah einen Fremden, wie es schien, nicht den heiß herbeigesehnten Freund, den sie in seiner Verkleidung nicht erkannte. Er war ein Gefährte ihres Theobald, erzählte der Besucher, und müsse ihr die traurige Kunde überbringen, daß jener verschollen sei im fernen Land. Klara erschrak zu Tode, eilte schluchzend davon und stürzte sich vor Liebesleid von der Burgmauer kopfüber in die Tiefe. Theobald konnte nur noch die Leiche umarmen …

Die heutige, durchaus mittelalterlich anmutende Gestalt von Schloß Maretsch stammt in den wesentlichen Zügen aus dem 16. Jahrhundert. Dafür hatten die Brüder Lukas, Caspar Melchior und Chri-

Führungen
Ganzjährig von Montag bis Freitag von 9.00 bis 12.00 Uhr und von 15.00 bis 18.00 Uhr. September und Oktober Führungen zwischen 10.00 und 12.00 Uhr.
Bei Gruppen Voranmeldung (Tel. 0471/44021).

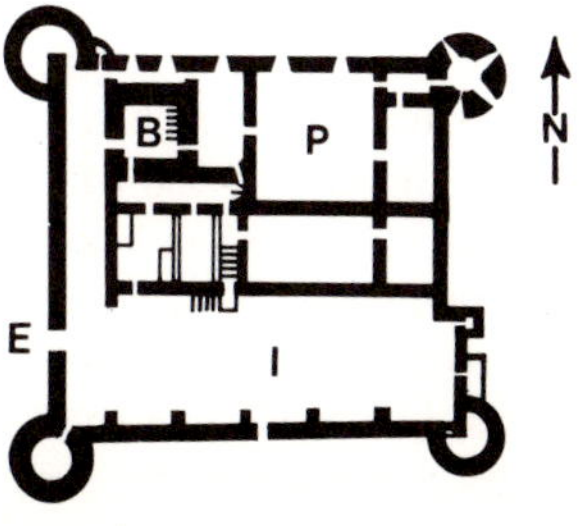

Grundriß von Schloß Maretsch
E = Eingang;
I = Innenhof;
B = Bergfried;
P = Palas.

Maretsch; Rückwärtige Front mit Ecktürmen, Palas und Bergfried.

stoph Sigmund Römer gesorgt. Innen (Wandmalereien) wie außen. An drei der vier Ecktürme sind ihre Wappen angebracht, am südwestlichen (Lucas), am nordwestlichen (Caspar Melcher) und am nordöstlichen (Cristoe Sigmund) Turm. Dem genauen Betrachter fällt auf, daß jeder Turm etwas anders geformt sowie unterschiedlich stark und hoch ist.

Im Jahre 1975 kaufte die Kurverwaltung Bozen das Schloß von der gräflichen

Schloß Maretsch mutet noch mittelalterlich an, obwohl die Anlage erst im 15. Jahrhundert ihre heutige Gestalt erhielt.

Wanderkarte
1:50 000 Freytag-Berndt-Wanderkarte, Blatt 1.

Familie Toggenburg-Sarnthein und ließ es mustergültig restaurieren. Ein ehemaliger Wohnraum im Erdgeschoß dient als Gaststätte (Mittwoch Ruhetag). In einem anderen ebenerdigen Raum ist eine Önothek untergebracht, eine ständige Ausstellung Südtiroler Weine mit Verkostung. Überdies finden wechselweise Ausstellungen und Kongresse statt. Im Sommer sitzt man gemütlich im Binnenhof mit seinen Arkaden.

Schloßherr ist die Bozener Kurverwaltung. Sie kaufte die Anlage 1975 und ließ sie restaurieren.

14

Runkelstein – Glanz des Etschlandes und der Künste

Als »doppelten Glanz des Etschlandes und der Künste« pries der Reiseschriftsteller Dr. Heinrich Noë Runkelstein um die Jahrhundertwende. Damals war das Burgschloß durch den Wiener Dombaumeister Friedrich von Schmidt restauriert und als kaiserliche Schenkung Bozen übergeben worden.

Anfahrt
Von Bozen in Richtung Sarnthein (gut beschildert). Parkplätze an der Basis von Runkelstein sowie in nächster Nähe.

Zugang
Auf steilem Fußweg in fünf Minuten hinauf zum Gelände der einstigen Vorburg und über den Halsgraben bzw. eine feste Brücke (ursprünglich Zugbrücke) zum Burgtor.

Runkelstein; Torbau mit Gußerker über dem Eingang.

Der imposanteste Anblick von Runkelstein bietet sich am Ausgang der Sarner Schlucht, also von Norden. Hoch türmen sich die Gebäude auf einem von der Talfer umspülten Porphyrfelsstock, hart am Rande der Steilabstürze, wo kein Mensch Fuß fassen kann.

Runkelstein war vom Trienter Hochstift als ausgesprochene Wehranlage konzipiert worden, im Hinblick auf die Sicherung des Bozener Raumes vor den zunehmend rücksichtsloser und machthungriger auftretenden Grafen von Tirol. Bischof Aldigret hatte 1257 die Edelfreien Brüder Friedrich und Beral von Wangen mit dem Bau von »Runchenstayn … super Talavernam« beauftragt. Die Herren von Wangen stammten aus dem oberen Vinschgar und hatten es zu beachtlichem Einfluß gebracht, wohl nicht zuletzt deshalb, weil einer aus ihrem Geschlecht, Friedrich, zwischen 1207 und 1218 Bischof von Trient war. Dank seiner Initiative wurde die Probsteikirche und der Dom zu Trient errichtet.

Innenhof zwischen den Wohnbauten und dem »Vintlertrakt« in Runkelstein. Im Hintergrund auf der Höhe Ruine Rafenstein.

Kriegseinwirkungen, Neubauten, eine Pulverexplosion im Jahre 1520 und schließlich der Absturz des Nordteiles des Sommerhauses (»Vintlertrakt«), veränderten die Bausubstanz wesentlich. Unter den verschiedenen Eignern müssen die Brüder Franz und Niclas von Vintler besonders hervorgehoben werden. Sie hatten die Anlage 1385 nach ihrer Zerstörung (1274) durch Meinhard II. käuflich erworben, veranlaßten durchgreifende Neuerungsmaßnahmen und schufen ein Burgen-Schatzkästlein - ohne den ursprünglichen Charakter völlig zu ignorieren, aber doch von dem Hintergedanken geleitet, repräsentative Wohnbauten zu gestalten, was seinen höchsten Ausdruck im Freskenschmuck des Palas und des

Sommerhauses findet: Szenen aus Tristan und Isolde, Turnier-, Jagd- und Tanzbilder, Details aus Ritterrromanen. Sie vermitteln einen bunten Querschnitt durch das Leben, den Bildungsstand, die höfischen Sitten und die Mode des Tiroler Adels im Hochmittelalter. In einem Reigentanz an der Südwand des Vorsaales (Turnierkammer) im 3. Stock des westlichen Palas fällt unter der Personenreihe eine auffallend dunkel gekleidete Dame mit Witwenhut und langem blonden Zopf auf. Es soll die Tiroler Landesfürstin Margarethe (siehe auch Schloß Tirol und Neuhaus) sein.

An den Holztischen im Burghof läßt es sich gut rasten. Ich weiß von Hans Vintler, der auf Runkelstein vor 600 Jahren seine Spottverse gegen den Adel verfaßte. Mit beißendem Grimm prangerte er dessen Unsitten an, wie beispielsweise die Beisetzung in Kirchen, »obwohl es besser wäre, wenn solches Aas bei gemeinen Leuten läge ...« Und während goldgelbes Laub in den Burghof flattert, denke ich an Viktor von Scheffel und an sein Lied:

»Noch heute freut's mich, o Runglstein,
Daß einstmals zu guter Stunden
In der Talfer felsenges Tal herein
Zu dir den Weg gefunden.
Im Rittersaale am hohen Kamin
Saß lang ich in Sinnen versunken,
Und habe im feurigen Wein von Tramin
Des Vintlers Gedächtnis getrunken.«

Die Schloßführungen beginnen an der Freitreppe des herrschaftlichen Palas. Stereotyp vorgetragene Erklärungen lassen keine romantischen Gefühle aufkommen. Der Funke zu Runkelstein muß in einem selbst zünden.

Führungszeiten
Von März bis November täglich (außer Sonn- und Feiertagen sowie an Montagen) von 10.00 bis 12.00 Uhr und von 15.00 bis 18.00 Uhr. Ansonsten nach telefonischer Anmeldung (04 71/2 60 86).

Anmerkung
Das nahegelegene Schloß Ried kann nicht besichtigt werden.

Wanderkarte
1:50 000 Freytag-Berndt-Wanderkarte, Blatt 1.

15

Rafenstein - im Volksmund das Sarner Schloß

Einer der Urwege ins Sarntal verlief von Bozen am westlichen Hang hoch über der tiefeingerissenen Sarner Schlucht. Und an diesem Weg entstand im späten 12. Jahrhundert die Burg Rafenstein als bischöfliches Trientiner Lehen.

Anfahrt
Von Bozen zur Talstation der Jenesien-Seilbahn (Busverbindungen) an der Sarntaler Straße am orographisch rechten Ufer der Talfer. Parkplätze.

Die Nordwestseite von Rafenstein.

Bekanntester Sproß des auf Rafenstein seßhaften Geschlechts ist jener Adalpret (Albert), der den tatkräftigen und energischen Bischof Friedrich (vom benachbarten Wangen abstammend) auf einer Pilgerreise nach Palästina begleitete, wo Friedrich 1218 starb. Adalpret folgte als Stellvertreter seinem Jugendfreund auf den Stuhl des hl. Vigilius zu Trient und wirkte bis 1223 als Fürstbischof. In der Person seines Bruders Eberhard starben die Rafensteiner Mitte des 13. Jahrhunderts aus. Ihr Besitz ging an die Edelfreien von Wangen über – treue Lehensleute des Krummstabes. Diese Parteinahme wurde den Wangener zum Verhängnis, als Meinhard II. von Tirol als Vogt gegen das Bistum rebellierte und um 1280 die meisten bischofstreuen Burgen zerstörte, so auch Rafenstein.

Von der ersten Burg, einer verhältnismäßig kleinen Anlage, ist so gut wie nichts vorhanden. Wie wir Rafenstein sehen, entspricht die Architektur den Baupraktiken des ausgehenden 16. Jahrhunderts –

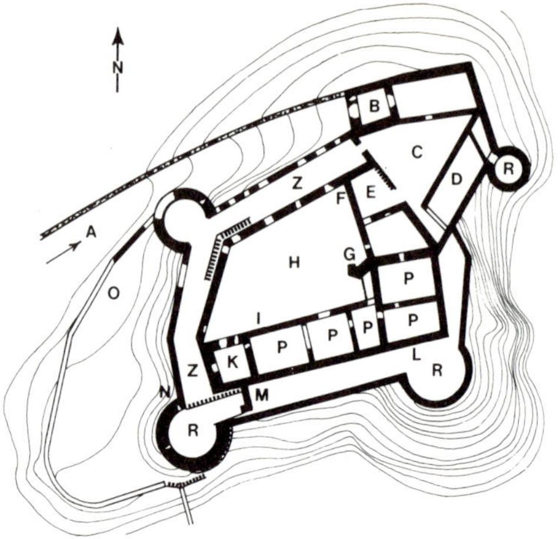

Grundriß von Rafenstein
A = Burgweg;
B = Torgebäude;
C = Vorhof;
D = Wohnbau der Dienerschaft;
E = Haupttor;
F = Abortschacht;
G = polygonaler Treppenaufgang;
H = Binnenhof;
I = Eingang als halber Spitzbogen;
K = Bergfried;
L = Erkergesims;
M = Abstieg in das Rondell-Untergeschoß;
O = Vorzwinger;
P = Palasräume;
R = Rondelle;
Z = Zwinger.

dem Zeitgeschmack der Renaissance. Die Ruinen grüßen hinaus in den Talkessel von Bozen. Sie heben sich vom Himmel ab, erscheinen malerisch und romantisch: Beim Näherkommen erleidet allerdings das Malerische merkliche Einbußen; die Romantik hingegen bleibt beim Durchstreifen der Ruine.

Der klassische Burgweg steigt von den landwirtschaftlichen Gebäuden in der Nordseite des Komplexes mäßig an, passiert ein Rondell und mündet in einem Torgebäude. Von hier in den dreieckigen Vorhof. An seiner Südostseite dürfte das Dienstpersonal gewohnt haben. Der Abstecher zum östlichen Rondell unterbleibt, da es als Müllplatz dient!

Die Hauptburg ummantelt ein Zwinger, aus dem vier Rondelle hervortreten. Eine Längsseite des Palas wendet sich dem sonnenreichen Süden über der Sarner Schlucht zu. Am östlichen Teil dieser Front zeugt eine stumpfwinkelige, dreiseitige Konsole von einem Erker. Die Fen-

ster der Wohngebäude sind teilweise mit Seitenbänken versehen, wie sie die Gotik kannte. Von den nördlichen und nordöstlichen Räumlichkeiten stehen lediglich noch die Außenmauern. Dem kundigen Auge fallen die breiten Zinnen mit Zwischenlücken bis zu 1,60 Meter auf. Der Binnenhof breitet sich auf unregelmäßigem Grundriß aus. Die sonst in der Renaissance üblichen Arkaden und Loggien fehlen: Auf Rafenstein hat man sich mit farbigen Wandmalereien begnügt.

Im Binnenhof von Rafenstein.

In der Nordostecke des Hofes, neben dem Haupttor, entdecken wir den kaminähnlichen Schacht der Aborte zwischen den einzelnen Geschossen. An der Ostseite sind noch Fragmente eines vieleckigen, mit Renaissancemalereien verzierten

Zugang
Von der Seilbahn-Talstation über einen Bach und jenseits links in den Rafensteiner Weg, als Wanderweg Nummer 2 markiert. Ziemlich steil bergan. Nach einiger Zeit befindet sich links des Weges (Abstecher auf Wegnummer 1B) das in seinen Ursprüngen romanische Kirchlein St. Jakob. Nach insgesamt 1 Stunde wird der »Schloßwirt« (Dienstag Ruhetag) bei Rafenstein erreicht. Rafenstein ist auf dem beschriebenen Weg auch mit dem Auto zu erreichen; streckenweise sehr steil und schmal, Ausweichstellen sind vorhanden.

Wanderkarte
1:50000 Freytag-Berndt-Wanderkarte, Blatt 1.

Treppenturmes erhalten, welcher den Zugang in die beiden oberen Stockwerke des Palas herstellt. Bemerkenswert ist überdies der schmale hofseitige Eingang – die Hälfte eines Spitzbogens – in den Raum neben dem Bergfried. Der Bergfried übersteigt die Flügelbauten um ein Stockwerk. Seine Mauern, vor allem nach Westen, sind stärker und dienten als Schutzschild vor Angreifern.

Wir nehmen einen abenteuerlichen Ausgang: Auf der Südseite des Bergfriedes in eine schachtähnliche Öffnung einsteigen und mittels schmaler Steinstufen in das Dunkel des Untergeschosses im südwestlichen Rondell. Ein Mittelpfeiler stützt die Gewölbe. Durch einen Auslaß erreichen wir, tief gebückt, den Vorzwinger, über den sich ein Pfad zum »Schloßwirt« senkt.

Irgendwo in der Nähe muß der Sarner Träger spät am Abend gerastet haben, als ihm eine wunderschöne Frau erschien, wie Ignaz Zingerle in seinen »Sagen aus Tirol« schreibt. Sie versprach dem armen Sarner unermeßliche Schätze aus dem Schloß – wenn er sie, als ekelhafter Drache erscheinend, zu mitternächtlicher Stunde dreimal umarme. Dadurch könne sie nämlich von einem geheimnisvollen Zauber erlöst werden. Den Burschen reizten die versprochenen Reichtümer. Als er dann dem Drachen um die Geisterstunde gegenüberstand, verließ ihn der Mut: Nur zweimal umarmte er das Getier, und stürzte daraufhin entsetzt davon. Die schöne Frau aber ward nicht erlöst! Ob sie immer noch des Nachts als Drache erscheint und auf die dreimalige Umarmung wartet, habe ich nicht gewagt zu prüfen …

16

Greifenstein - das Sauschloß

500 Meter über dem Etschtal war man auf Burg Greifenstein sicher geschützt vor Angreifern. Und da die Burgherren sich sicher fühlten und auch wohl versorgt waren, sollen sie den Angreifern einmal ein fettes Mastschwein über die Mauer geworfen haben. Und Greifenstein wurde zum Sauschloß.

Zwischen den Mauerresten des Palas von Greifenstein ist kein Hauch von Wind zu spüren. Nur draußen verfängt er sich ganz leise in den Baumkronen; und an der Außenmauer des Burghofes scheppern einige an Drähten baumelnde Blechdosen. Vogelstimmen begrüßen den Frühling. Mir ist's, als hörte ich wie aus weiter Ferne den rauhen Klang von Stimmen - Oswald von Wolkenstein mit seinen Brüdern Michael und Leonhard, das Starkenberger Brüderpaar Wilhelm und Ulrich,

Anfahrt
An der Staatsstraße zwischen Bozen und Meran etwa 1,5 km hinter Siebeneich rechts eine Parkbucht.

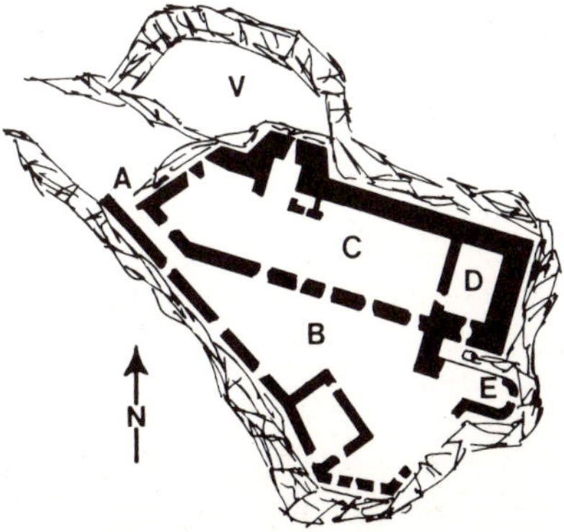

Grundriß von Greifenstein
A = erhöhte Eingangspforte;
B = Burghof mit Fensteröffnungen nach Südwesten (Etschtal);
C = unterkellerter Palas, dessen Wohngeschoß vom Burghof betreten wurde;
D = vielleicht Kerker;
E = vielleicht Burgkapelle;
V = Vorburg.

Waffenknechte, zusammen wohl 20 bis 30 Mann –, den hellen Ton einer Fiedel, trotzige Spottreden, unbekümmerte Lust, damals, im Frühjahr 1418.

Drunten auf dem Etschtalboden und drüben bei Glaning lag der Feind: Bauernhaufen unter dem Oberbefehl von Friedrich IV. (»mit der leeren Tasche«).

Tiroler Adelige, allen voran die Wolkensteiner, die Starkenberger und die Schlandersberger hatten es gewagt, dem Landesfürsten Friedrich die Stirn zu bieten und sich 1406 im »Elefantenbund« zusammengetan, ideell unterstützt von König Sigmund. Ihre Vorstellungen: Loslösung Tirols von der habsburgischen Dynastie und Reichsunmittelbarkeit, das heißt, allein dem deutschen König oder Kaiser unterstellt zu sein. Für Herzog Friedrich IV. von Österreich, Graf von Tirol, war dies Verlangen eine unzumutbare Forderung. Dem Schlandersberger hatte er es im Februar 1418 mit Nachdruck gezeigt und dessen Burg Rotund im Münstertal gebrochen. Jetzt galt es, die Wolkensteiner und Starkenberger auf die eigene Linie zu bringen. Doch die saßen bestens geschützt und versorgt auf dem starkenbergischen Felsennest – 500 Meter über dem Etschtal. Aus lauter Übermut, aber auch um den Belagerern nachdrücklich vor Augen zu führen, daß sie keine Not litten, sollen sie ein fettes Mastschwein über die Mauern geworfen haben. Diese Episode begründet den Namen »Sauschloß« für Greifenstein. Damit nicht genug! Sie unternahmen einen Ausfall ins gegnerische Lager bei Glaning und schlugen alles kurz und klein, was sich ihnen in den Weg stellte.

Zugang
Von der Parkbucht die Straße schräg links überqueren. Bei einem Bildstock beginnt Weg Nummer 11 als rot-weiß-rot bezeichneter Pfad. Nach 10 Minuten asphaltiertem Querweg aufwärts folgen. Etwa 10 Minuten später (vor St. Cosmas) rechts in den Steig zum »Sauschloß« (Tafel) einbiegen. Nach insgesamt ½ Stunde mündet von links ein von Siebeneich hochführender Weg (Nr. 11a). Ein Sattel vermittelt schließlich ½ Stunde später den Zugang zum Burgfelsen. Um den Burgeingang zu gewinnen, muß man ungefähr drei Meter »kraxeln«. Gehzeit vom Parkplatz 1¼ Stunden.

Greifenstein auf einem steilen Felskegel.

Wanderkarte
1:50 000 Freytag-Berndt-Wanderkarte, Blatt 1.

Aussicht ins Etschtal vom Burghof.

»Wurfmaschinen, Hütten, sowie Zelte
wurden eingeäschert, am oberen Plateau.
Ich höre, wer Wind sät, erntet Sturm.
So wollen wir bezahlen, Herzog Friedrich!«

Voller Triumpf stimmte Oswald von Wolkenstein sein »Greifensteinlied« an. Die Herzoglichen gaben die Belagerung auf. Greifenstein, das 1159 erstmals urkundlich erscheint, war noch einmal davongekommen.

Im Jahre 1423 ließ Friedrich IV. die Burg abermals belagern. Einer der Gründe: Wilhelm von Starkenberg hatte ein Mörderpaar gedungen, Vater und Sohn Jacomel, das nach Belieben unter dem herzoggetreuen Bauernvolk wütete. Den gesandten Unterhändler Niclas Hochgeschorn ließ der Starkenberger – trotz der Zusage freien Geleits – kurzerhand vom schmalen Burgweg in den Abgrund stoßen. »Des sei Gott gelobt! Nun haben wir eines Feindes minder denn zuvor!« Das Maß war endgültig voll. Man trieb die Belagerung voran. Der herzogliche Zeugmeister schaffte von Venedig Salpeter und Schwefel heran, um Greifenstein wirkungsvoll unter Beschuß zu nehmen. Angesichts solcher Bedrohung wurde es Wilhelm von Starkenberg mulmig. Bei Nacht und Nebel schlich er sich davon. Seine Besatzung ergab sich. Von da an kam Greifenstein keine geschichtliche Bedeutung mehr zu und wurde ab dem 16. Jahrhundert dem Verfall preisgegeben.

Ich trete hinaus in den Burghof, setze mich auf eine der Fensterbänke an der Außenmauer. Tief unten breitet sich das obstgesegnete Etschtal aus. Ein friedvolles Bild.

17
Neuhaus – die »Maultasch«

»Maultasch« nennt der Volksmund die Ruine von Burg Neuhaus unweit von Terlan auf luftigem Felsgrat oberhalb der Straße Bozen – Meran. »Maultasch« war der Beiname von Margarethe, der Letzten aus dem Hause der alten Tiroler Grafen.

Es ist hinlänglich bekannt, daß sich frühere Herrscher oft Beinamen gaben oder solche von ihrer Umwelt zugesprochen erhielten: »Der Biedere«, »Der Deutsche«, »Der Schöne« usw. In Südtirol ist im 13. Jahrhundert zum Beispiel ein »Maulrapp« (Heinrich von Kastelruth) nachgewiesen. Solche Namen bezogen sich vielfach auf Charaktereigenschaften, auf die Herkunft oder auf das Erscheinungsbild ihres Trägers und sollten ihn von Namensgleichen unterscheiden.

Warum und weshalb aber ausgerechnet »Maultasch«? Deutungen gibt es deren genug, indes fehlt eine befriedigende Antwort. Wie sich überhaupt um Margarethe, 1318 als Erbtocher des Meinhardiners Heinrich geboren, diverse Mutmaßungen ranken. Mit Vorliebe wird ihr Beiname mit ihrem Aussehen in Zusammenhang gebracht. So läßt die ältere bayerisch-böhmische Geschichtsschreibung infolge der zeitweise anti-wittelsbachischen Politik der Herzogin kein gutes Haar an ihr: »Frauen Margarethen umb

Anfahrt
Von Bozen oder von Meran auf der Staatsstraße 38 bis Terlan.

Zugang
Der kürzeste Weg (knapp 1/4 Stunde) beginnt 50 Meter östlich der Abzweigung der Straße nach Mölten (Parkraum). Lohnender dagegen ist die rechts beschriebene Wanderung.

Bergfried von Neuhaus mit ursprünglichem Eingang.

Wanderung zur Burg
In Terlan vom Gasthof Oberhausen (Bushaltestelle) durch Fußgänger-Unterführung zur hochgotischen Pfarrkirche Mariae Himmelfahrt. Durch die Kirchgasse bergan in ¼ Stunde zum Ansitz Liebeneich. Rechts in den Margarethenweg (Nr. 9) einschwenken. Nach dem letzten Haus auf geteerten Fußweg weiter. Dann die nach Mölten führende Straße kreuzen. Jenseits rechtshaltend auf dem unteren Weg durch den Hangwald. Bachtobel werden auf Holzstegen überschritten. Nach etwa 25 Minuten heißt es wieder ansteigen. Der Weg ist mit Steinen ausgelegt. Nach 10 Minuten ist der untere Vorhof von Burg Neuhaus erreicht. Von Terlan etwa 1 Stunde.

Abstieg
Auf dem Herweg 5 Minuten zurück, bei der Wegeteilung links und hinunter zur Staatsstraße. Auf ihrer rechten Seite nach Terlan. Insgesamt etwa 1¼ Stunden.

des unformlichen Mauls willen die Maultaschin genannt ...« Andere Quellen heben sexuelle Ausschweifungen hervor; ja sogar Züge bodenloser Grausamkeit sind eingeflochten worden in den Kranz von Halbwahrheiten. Lion Feuchtwangers Roman »Die häßliche Herzogin« tat das seine hinzu: »Der Mund wulstete sich äffisch vor, die Backen hingen schlaff, riesig, unförmig herab, die Schminke konnte die Warzen nicht verdecken ...« Auch in diesem Falle finde ich kritische Zurückhaltung angebracht, denn der Schriftsteller lebte ein halbes Jahrtausend nach der Landesfürstin. Ähnlich verhält es sich mit einem von Leonardo da Vinci skizzierten Porträt eines abstoßenden Weibsgesichts, worin man Margarethe zu sehen glaubte. Das andere Extrem: Johannes von Winterthur, ein Mönch und Chronist zu Lebzeiten der Margarethe, schildert sie als »überaus schön« (pulchra nimis) und schwärmt vom »dunklen Glokkenklang« ihrer Stimme. Auf einigen Fresken in Runkelstein (siehe dort) will man sie abgebildet sehen, dunkel gekleidet mit der Witwenhaube und einem langen blonden Zopf. Keine Spur eines verunstalteten Antlitzes! Allerdings entstanden die Fresken um 1390 – elf Jahre nach Margarethes Tod. Ihr Siegel im Tiroler Landesmuseum Ferdinandeum zu Innsbruck zeigt eine schlanke Frauengestalt ohne erkenntliche Gesichtszüge.

Über die Gräfin gibt es kaum Urkundliches. Ihr Siegel befindet sich jedoch im Tiroler Landesmuseum Ferdinandeum zu Innsbruck.

Burg Neuhaus soll ein Lieblingssitz der Gräfin gewesen sein. An anderer Stelle heißt es, sie habe sich nur gelegentlich zur Winterzeit aus gesundheitlichen Gründen in der (1860 abgerissenen) Klause zu Füßen der Burg aufgehalten. Alles An-

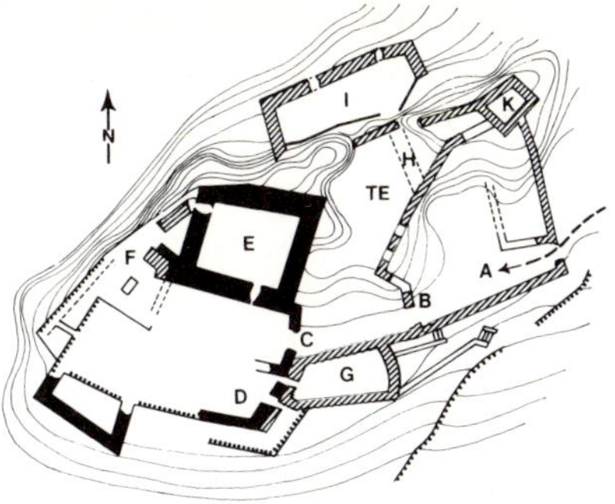

Grundriß von Neuhaus
A = jüngstes Tor;
B = zweites Tor;
C = drittes Tor;
D = Palas;
E = Bergfried;
F = Steinstufen;
G = Kapelle;
H = unterirdischer Verbindungsgang;
I = zweigeschossiges Gebäude;
K = Eckturm;
TE = Terrasse.

nahmen, nichts als Vermutungen! Befassen wir uns deshalb besser mit urkundlich gesicherten Tatsachen.

Neuhaus war durch Graf Albert III. von Tirol ab 1234 unter Protest des Hochstiftes Trient entstanden, wurde im Jahre 1274 in der Fehde zwischen Meinhard II. und Bischof Heinrich von Trient zerstört, ein halbes Jahrhundert danach wieder aufgebaut und Mittelpunkt eines Gerichtsbezirkes, welcher Terlan, Vilpian, Nals und Andrian einschloß. Von 1382 bis 1559 wirkten die Herren von Niederthor als Lehensleute. Einer der ihren, Domherr in Augsburg, soll die Kapelle gestiftet haben.

Der Grundriß der Anlage entspricht dem Typ einer hochmittelalterlichen Burg. Die Konzeption ist am ehesten zu erfassen, wenn man vom Bergfried ausgeht. In den Anfängen diente nur sein viertes Geschoß als Wohnraum, die Stockwerke darunter der Verteidigung. Den ersten Bergfriedzugang in der Südseite bildete eine Rundbogentür (in Höhe der verblaßten Sonnenuhr), die vermutlich über eine heruntergelassene Leiter zu erreichen war. Ein tiefer Riß in der Süd-

Der Grundriß stammt aus dem Hochmittelalter.

Wanderkarte:
1:50 000 Freytag-Berndt-Wanderkarte, Blatt 1.

mauer erinnert an die Auswirkungen des Erdbebens von 1976. Das auffallend große Halbkreisfenster knapp unter der obersten Turmkante ist burgenbautechnisch insofern außergewöhnlich, weil solche Fenster allgemein nur bei Burgen im südwestdeutschen Raum vorkommen. In Südtirol macht lediglich noch Boymont eine Ausnahme. Der spätere Bergfriedzugang an der Westseite über Steinstufen ist noch einigermaßen erhalten, verlangt aber Trittsicherheit und Schwindelfreiheit.

Südlich vom Bergfried erwuchs gegen 1570 unter Jakob von Payersberg ein neuer Palas. Zwischen Bergfried und Wohnbau liegt ein kleiner Hof, den ein Torturm schützt. Sein Durchgang bringt uns in eine der beiden Vorburgen. Im Gemäuer rechts entdeckt man die ehemalige Kapelle; links erhebt sich eine befestigte Terrasse, auf die Steigspuren leiten.

Die untere und jüngste Vorburg, unmittelbar nach dem Betreten der Ruine, überrascht uns mit einem »Geheimgang«: Auf der Nordseite klafft eine schmale, etwa 10 Meter tiefe, allem Anschein nach künstlich erweiterte Felsenge als Durchgang unter der Terrasse in die Nordwestflanke von Neuhaus. Die dortigen Mauern sind Reste eines zweigeschossigen Gebäudes, das nach Auffassung Weingartners »eine hier immerhin mögliche Ersteigung des Burgfelsens verhindern sollte«. Meiner Meinung nach können wir es nicht gänzlich von der Hand weisen, daß sich dorthin schon vor dem Bau der Burg Menschen auf der Flucht zurückgezogen haben, zumal der Spalt von wenigen Bewaffneten zu verteidigen und leicht zu verbarrikadieren war.

18

Festenstein – einmalig in Südtirol

Daß Festenstein im Innern nicht besichtigt werden kann – was burgenbautechnisch überaus interessant wäre –, weil der deutsche Besitzer die Tür verschlossen hält, sollte nicht daran hindern, in die urwilde Gaider Schlucht einzudringen und die faszinierende Burg zu bewundern.

Ein auf zwei Seiten senkrecht abbrechender Porphyrfels, 500 Meter über dem Etschtalboden von Andrian, trägt den turmartigen, unregelmäßig fünfeckigen, eingeschossigen Wohnbau mit einer Bedachung von 1910, als der deutsche Kommerzienrat Julius Vogel die Burg erworben hatte. Unter dem Turm schmiegt sich – vom Standpunkt des Betrachters auf der linken Seite – der Palas an den Fels. Das Trinkwasser kam aus einer Zisterne. Innerhalb der äußersten Mauer verbirgt sich ein kleiner Zwinger. Um den Felskegel windet sich im Halbkreis ein steinerner Treppenpfad empor zur Spitze. Um sie zu erreichen, müssen vier Tore durchschritten werden.

Die Sicherheit von Festenstein beruhte zum einen in der Isoliertheit des Felskegels und des steilen umliegenden Geländes, zum anderen in der erhöhten Situation des Einganges rund fünf Meter über dem Boden (die Steintreppe ist neuzeitlich). Zum Eingang gelangte man ursprünglich über eine Zugbrücke. Un-

Zugänge
Von Gaid auf der asphaltierten Straße abwärts. An der Rechtskurve geradeaus mit Weg Nummer 15 in Richtung Andrian (Tafel). Vor einem Stacheldrahtzaun links und hinunter zum Koflerhof. Nach 20 Minuten erreicht man den obersten Aufbau von Festenstein.
Von Andrian mit Weg Nummer 15 durch die Gaider Schlucht (Trittsicherheit notwendig) in 1¼ bis 1½ Stunden.

Festenstein.

Wanderkarte
1:50 000 Freytag-Berndt-Wanderkarte, Blatt 1 oder 7.

Anfahrt
a) Von Eppan-St. Michael ab der Ortsmitte auf streckenweise schmaler Straße über Perdonig nach Gaid (10 km);
b) Von Terlan (zwischen Bozen und Meran) über die Etsch und nach Andrian. Parkplätze.

mittelbar über der Türe sind unter zwei Konsolen die Löcher zum Hochziehen der Brücke mittels Eisenketten (oder Seilen) zu erkennen; dazwischen das kleine kreisrunde Loch der Pechnase.

»Vestenstain« taucht erstmals zwischen 1220 und 1230 in einem Zehntverzeichnis von St. Pauls zu Eppan auf (es gehört heute noch zum Gemeindegebiet). Wahrscheinlich saßen Eppaner Ministerialen auf Festenstein. Um 1500 zerstörte eine Feuersbrunst die Anlage. Der »verbrannte Burgstall« wurde aber schon bald wieder aufgebaut, und zwar von einem Hans Übelhör als Lehensträger des Landesfürsten Maximilian I. Die seinerzeitige Erneuerung konnte sich weitgehend bis heute erhalten.

19
Prissian - Wehrburg, Fahlburg, Katzenzungen

Zu Recht hat sich Prissian, der in einer hochkultivierten Landschaft im sogenannten »Tisenser Mittelgebirge« abseits vom Etschtal inmitten von Obst- und Weingärten, Getreidefeldern und Kastanienhainen liegende Ferienort, das Prädikat »Burgendorf« verliehen.

In der Tat gehören nicht weniger als fünf Burgen, Burgruinen und Schlösser zur Gemeinde: Südwestlich erhebt sich auf einem bewaldeten Rücken über dem Prissianer Bach die Burg Zwingenberg, laut Weingartner ein »Musterbeispiel pseudoromantischer Geschmacklosigkeit«. Knapp einen Büchsenschuß taleinwärts - der Sage nach einst durch eine lederne Brücke verbunden! - verkümmern die Ruinen von Burg Holz. Im Ortsbereich selbst erwarten uns die Wehrburg, die Fahlburg und Burg Katzenzungen.

Wehrburg: In der Wehrburg empfing mich eine Gastfreundschaft, wie ich sie unverfälschter nirgendwo anders auf Südtiroler Burgen und Schlössern verspürt habe; eine beinahe familiäre Atmosphäre. Hermann Holzer, »Mohrenwirt« zu Prissian, der die Anlage 1956 von der Witwe des englischen Colonel Arthur Rudston-Brown gekauft hatte, bietet sich spontan als »Führer« an, sofern die Räumlichkeiten nicht mit Pensionsgästen belegt sind.

Anfahrt und Zugang
Entweder von Lana über Tisens, oder (kürzer) von Nals nach Prissian. Südöstlich der Brücke über den Prissianer Bach zweigt beim Trogerhof ein Fahrweg zum Parkplatz der Wehrburg ab. Von dort in wenigen Minuten zum Eingang.

Wehrburg. Einer der beiden Wohntürme.

Eine Eigenart der Anlage - außer der, daß die Hauptburg niedriger liegt als die Vorburg - stellen die zwei quadratischen Türme dar. Es handelt sich um typische Wohntürme, was die Vermutung erhärtet, daß hier einst zwei Familien lebten. Das Mauerwerk wird auf Grund der gebuckelten Eckquadern ins 13. Jahrhundert datiert: 1287 tritt ein Otto von Werberg als Lehensherr auf.

Die obersten Geschosse der 18 Meter hohen Türme sind im 15. Jahrhundert dazugekommen, als die Herren von Andrian die Burg für sich beanspruchten. Im kleineren Turm (Grundriß 9x9 m) wird die erste Burgkapelle angenommen, in jenem Raum des ersten Obergeschosses, dessen Fensternische sakrale gotische Fresken zieren.

Der westseitige Turm, die Mauern 1,90 Meter stark mit einem Aborterker an der Westwand, steht unmittelbar oberhalb des Burgweges vor dem rundbogigen Eingangstor. Ehedem wurde die Wehrburg von Norden betreten, durch einen Torturm des späten 15. oder frühen 16. Jahrhunderts, also zur Zeit Kaiser Maximilians. An den Torturm schließt sich ein älterer Turm an. Er dient zugleich als Chor der Erasmuskapelle aus dem 15. Jahrhundert, die leider jegliche historischer Ausstattung entbehrt. Im Süden wird der blumengeschmückte Burghof vom quergestellten Palas abgeschlossen. Seine Erneuerung erfolgte im ausgehenden 19. Jahrhundert durch den ungarischen Baron Albert von Eperjessy (Büste im Fresko-Zimmer), der die Wehrburg bis zu seinem Ableben (1921) besaß.

Fahlburg: Das Schloß der Grafen Brandis versteckt sich hinter Mauern im Zentrum von Prissian, an der Hauptstraße, direkt gegenüber dem Verkehrsamt. Offiziell ist das Betreten nur Gästen des Schloß-Hotels gestattet. Doch wird einer oberflächlichen Besichtigung nichts in den Weg gelegt. Über dem Eingang eine Sonnenuhr, und im Hintergrund des sich anschließenden Gewölbeganges rechts die Kapelle.

Die Fahlburg unserer Tage entspricht dem architektonischen Schönheitsideal der Renaissance um 1640. Vorgängerin war eine Burg. In ihrer Folterkammer sei Oswald von Wolkenstein gequält worden, heißt es in alten Schriften. »Des lig ich Wolkensteiner in der Fall«, soll der Unnachgiebige gejammert haben, als ihn seine Gegner im Erbstreit um Hauenstein

Zugang
Östlich von Prissian bietet sich Katzenzungen neben der St.-Martin-Kapelle Parkraum an (schöner Blick auf die Fahlburg). Mit einem Fahrweg hinunter zur nahen Burg.

Wanderkarte
1:50 000 Freytag-Berndt-Wanderkarte, Blatt 1.

Fahlburg. Die Anlage entspricht dem Schönheitsideal der Renaissance. Sie steht im Zentrum von Prissian gegenüber dem Verkehrsamt.

(siehe dort) in der Fahlburg gefangen setzten.

Katzenzungen: Ein merkwürdiger Name für eine eigenartige Burg! Hängt er vielleicht mit Henricus de Cazenzunge, dem ersten bekannten Namenträger, zusammen, oder liegt Otto Piper richtig, wenn er meint, »zu dem sonderbaren Namen dürften die Pechnasen, die einigermaßen ausgestreckten Zungen ähneln, den Anlaß gegeben haben«?

Die Besonderheit des stattlichen dreigeschossigen Bauwerkes mit annähernd rechteckigem Grundriß liegt in der ersichtlichen Tatsache, daß die bei Burgen sonst üblichen Verteidigungswerke fehlen. Lediglich unter dem Dach verraten ungewöhnlich große (Gußöffnung 1,80 m) Pechnasen – bestes Beispiel in Südtirol – mit Schießscharten sowie runde Schießlöcher zwischen den Pechnasen eindeutige Wehrwilligkeit. Sie sind auf drei

Seiten angebracht. Die sturmfreie rückwärtige Front genießt den naturgegebenen Schutz steil abfallender Hänge. Offenbar rechneten die Erbauer der heutigen Anlage, die Herren von Breisach, in der Mitte des 16. Jahrhunderts nicht mehr mit größeren Feindseligkeiten. Schließlich war der Bauernaufstand von 1525 blutig niedergeschlagen und der Anführer Michael Gaismair 1532 im Exil bei Padua ermordet worden. Kaiser Ferdinand I. hatte in der neuen Landesordnung die Freiheiten der Tiroler Stände besiegelt.

Über dem Tor, vor dem einst die Zugbrücke war, ist das Wappen der Breisacher mit der Jahreszahl 1548 in den Sandstein gemeißelt. Der heutige Besitzer, Josef Pobitzer, hat den Eingang ausgebessert. Nun soll der Dachstuhl erneuert werden. Ob es aber zu einem Museum im Schloß kommt, steht noch in den Sternen! Zu hoffen jedenfalls ist es.

Katzenzungen. Oben unter dem Dach die Pechnasen, 1,80 m große Gußöffnungen.

20

Eschenloch – Bergfried im Ultental

Eschenloch ist nicht mehr als ein Turm, allerdings ein beispielhaftes Exemplar: 22 Meter hoch, auf einem quadratischen Grundriß von knapp zehn Quadratmetern, unterteilt in vier Geschosse, die Mauern an der Basis 2,40 Meter stark, sich nach oben um 90 Zentimeter verringernd.

Anfahrt
Von Lana (südwestlich von Meran) auf der Straße ins Ultental. Nach 8 km, etwa 250 m hinter einem Brückenviadukt, links an der Mündung eines Fahrweges beschränkte Parkplätze.

Der Bergfried von Eschenloch reckt sich über der tiefen Schlucht des Valschauer Baches in einer reizvollen Umgebung. Aus den Bergwäldern leuchtet das frische Grün der Wiesen, auf denen weit verstreut Bauernhöfe liegen. Das Ultental gehört zu den wenigen Südtiroler Tälern, die ihre landschaftliche Vielfalt sowohl aus sonnenverwöhnten Reb- und Obstkulturen (um Lana), aus lieblichen Mittelgebirgsstufen, aus Almregionen und Gletscherrevieren schöpfen können.

Abgesehen vom Bergfried des »Castrum in Ultime«, wo im 12. Jahrhundert erstmals ein Eppaner Seitenzweig erscheint, hat sich nicht viel erhalten: Unscheinbare Aufwerfungen von Mauerfragmenten, Andeutungen des zweigeschossigen Palas (südwestlich des Turmes), die Öffnung der Zisterne. Der ebenerdige Eingang in den Bergfried ist jüngeren Datums. Wenn wir im Turm die Holzstiege hochsteigen, treffen wir im ersten Obergeschoß auf den ursprünglichen Eingang. Er befindet sich neun Meter über

Eschenloch. Der gewaltige Bergfried mit annähernd quadratischem Grundriß.

Zugang
Auf dem Fahrweg etwa 150 m, worauf halbrechts der Weg zum »Schloß« (Tafel) abzweigt. Beim Bauernhof Schlüssel für den Bergfried erbitten (Spende für die taubstummen Kinder des Bauern in ein Kästchen auf der Turmstiege. Bitte keine zehn Lire!) und anschließend den alten Burgweg hoch. Gehzeit: 1/4 Stunde.

Wanderkarte
1:50 000 Freytag-Berndt-Wanderkarte, Blatt 1.

dem Boden (relativ hoch) und ist gotisch eingefaßt. Auf beiden Seiten sind noch die Balkenlöcher für den Verschluß zu erkennen. Die Eingangsöffnung mißt in der Breite 75 Zentimeter, paßte also gerade für einen Mann, was eine Verteidigung erleichterte. Ungewöhnlich ist die Lage des Hocheinganges, denn seine Seite war eventuellen Feinden zugewandt. In der Regel konnten Bergfriede nur von der, dem Angriff entgegengesetzten Seite, meist vom Burghof aus, betreten werden. Als Hilfe dienten Leitern oder stiegenähnliche Holzkonstruktionen - hochziehbar im Ernstfall.

Durch kleine Fenster fällt spärliches Licht ins Turminnere. Es ist nicht mehr der ursprüngliche Bergfried, sondern ein Bau des 15. Jahrhunderts, der vielleicht notwendig geworden war, nachdem Herzog Friedrich IV. in den Kämpfen gegen den unzufriedenen Adel (»Falkenbund«, »Elefantenbund«) die Burg zerstört hatte.

Das Schreiben eines Pflegers von 1531 nennt eine »Veste Eschenloch in Ulten«. In diesem Zusammenhang ist aufschlußreich, daß ein Graf Heinrich von Eschenloch (Eschenlohe im Loisachtal zwischen Murnau und Garmisch-Partenkirchen) zwischen 1319 und 1349 die Pflegerechte von Burg und Gericht Ulten innehatte. So ist wenigstens der Burgname zu erklären. Nicht indes, warum sich dieser Heinrich »von Eschenloch« nannte, denn dieses Geschlecht war bereits 1296 im Mannestum ausgestorben. Und: Heinrich gab 1338 in einer Schulderklärung seinen »Erzeuger« als »regis bohemie« (König von Böhmen) an. Hätten die Historiker recht, welche Heinrich einer Liaison des Landesfürsten Meinhard II. mit einer Tochter des letzten Eschenlochers zuschreiben, wäre das Verhalten Heinrichs zu erklären: Er legte sich den Geschlechternamen seiner Mutter zu, in der Tasche ein Dokument auf Abfindung, um den leiblichen Vater (verheiratet mit Elisabeth von Bayern, der wesentlich älteren Witwe des Stauferkönigs Konrad IV.) vor der Öffentlichkeit nicht zu brüskieren.

Über Stiegen und hölzerne Zwischenböden, die den Geschossen entsprechen, gewinnen wir das oberste Stockwerk. An die talseitige Außenwand sind Konsolen eines abgebrochenen Erkers gemauert. Demzufolge können wir annehmen, in einem Wohngeschoß zu sein. Das Dach wurde 1913 vom Besitzer, Graf Trapp, erneuert. Auf allen Seiten bieten sich anziehende Ausblicke. Und von St. Pankraz grüßt der Spitzturm der Pfarrkirche herauf.

Grundrißplan von Eschenloch
A = Burgweg;
B = Zisterne;
C = heutiger Eingang zum Bergfried;
D = ursprünglicher (hochgelegener) Eingang zum Bergfried.

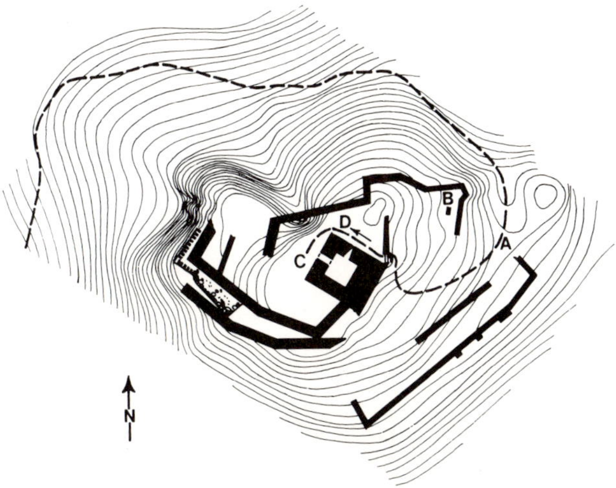

21
Lebenberg – am Marlinger Berg

Aus den üppig bewachsenen Rebhängen oberhalb von Tscherms, aus dem Marlinger Berg im Südosthang des Vigiljoches, tritt am Rande eines Waldgürtels das malerisch gelegene Schloß Lebenberg mit seiner großartigen Aussicht hervor.

Anfahrt
Tscherms, Talort für Schloß Lebenberg, liegt zwischen Meran (4 km) und Lana. Busverbindungen alle 20 Minuten.

Zufahrt
Mit dem Auto von Tscherms auf der Baslinger Straße oder von Marling ab der Kirche auf einem aussichtsreichen Panoramasträßchen.

Lebenberg, vom Schloßgarten aus gesehen.

Von Lebenberg blickt man durch das Etschtal, vom Ifinger zum Gantkofel, über ein Meer von Obstbäumen, auf Wiesen, Felder und Wald, hinüber zu den benachbarten Schlössern Fragsburg und Katzenstein. Weingärten schieben sich in Terrassen bis an den mittelalterlichen Bering und an den italienisch gestalteten Lustgarten von Schloß Lebenberg heran.

An solch einem Platz läßt's sich gut leben! Davon dürfte die holländische Familie von Rossem ausgegangen sein, als sie das Schloß 1925 kaufte. Ebenso die ersten Lehensträger der Grafen von Tirol auf Lebenberg, das Ministerialengeschlecht derer von Merniga (Marling), das sich später »von Lebenberg« (1426 ausgestorben) nannte; und auch die Fuchs von Fuchsberg, sonst hätten sie nicht ihren Sitz von Missian bzw. Hocheppan an die Sonnenlehne des Marlinger Berges verlegt und ihr Lehen, an dem sie wesentliche Umbauten veranlaßten, ganze vier Jahrhunderte persönlich bewohnt. Der letzte Fuchs starb 1828 im Grafenstand auf

Führungszeiten
Zwischen Ostern und Spätherbst (Oktober) von 10.00 bis 12.00 Uhr und von 14.00 bis 17.00 Uhr, Freitag geschlossen.

Wanderkarte
1:50 000 Freytag-Berndt-Wanderkarte, Blatt 1.

Lebenberg. Ein Stammbaum in Form von Ahnenbildern der Familie ziert den Rittersaal.

Zu Fuß läßt sich das malerisch gelegene Schloß Lebenberg bequem in 45 Minuten erreichen. Die kurze Wanderung ist wirklich empfehlenswert. Von Tscherms kurz auf der Baslinger Straße, vorbei am Ruangut. Danach auf dem Leitenweg weiter und ein Stück oberhalb auf dem Tschermser Waalweg, der uns direkt zum Schloß hinaufbringt.

Lebenberg wartet mit einigen bemerkenswerten, auf Südtiroler Schlössern nicht alltäglichen Sehenswürdigkeiten auf. Das ist zunächst ein transparentes Bild in der dem hl. Stephan im 14. Jahrhundert geweihten und im 16. Jahrhundert umgestalteten Schloßkapelle. Im Innenhof erregen zwei Reise- bzw. Totentruhen aus dem Mittelalter Aufmerksamkeit. Sie wurden von Rittern bei längerer Abwesenheit im Troß mitgezogen, um im Todesfall wohlbehalten in die Heimat überführt zu werden.
Die Rüstkammer ist reichhaltig bestückt; als Besonderheiten birgt sie ein Henkersbeil sowie einen Keuschheitsgürtel. Daß Klappbetten keine heutige Erfindung sind, beweist ein hölzernes Exemplar im sogenannten »Bauernzimmer«. Schließlich werden wir im Salon mit der höfischen Kunstepoche des Rokoko und seiner verspielten Schmuckformen konfrontiert. Und damit schließt sich der Kreis der Jahrhunderte, angefangen in der zweiten Hälfte des 13. Jahrhunderts, als Lebenberg entstand, bis zu den Veränderungen und Erweiterungen des 16., 17. und 18. Jahrhunderts.

In Salon wird der kunsthistorische Rundgang durch die Jahrhunderte durch die verspielten Schmuckformen des Rokoko abgeschlossen.

22
Landesfürstliche Burg – im Herzen von Meran

Wie eine Burg in landläufiger Vorstellung sieht das versteckt hinter dem Rathaus von Meran liegende Schlößchen beileibe nicht aus. Aber das geradezu zierliche Bauwerk hatte auch nie den Zweck einer klassischen Burg zu erfüllen, es diente den Herren über Tirol als Stadtresidenz.

Mit der Abdankung der Landesfürstin Margarethe im Januar 1363 kam das »Fürstentum der Grafschaft Tyrol« an die Habsburger. Sie übernahmen die landesfürstliche Gewalt, welche Margarethes Großvater Meinhard II. gefestigt hatte, und regierten bis 1665 als Grafen von Tirol. Zuerst auf Schloß Tirol und von der Zenoburg aus. Um 1420 verlegte Herzog Friedrich (»mit der leeren Tasche«) die Residenz nach Innsbruck. Dadurch schwand die Geltung von Meran. Die Passerstadt indes mauserte sich gewissermaßen zur »heimlichen Hauptstadt« Tirols. Hauptsächlich unter Herzog Sigmund, dem Sohne Friedrichs. Sigmund war 1439 formell zum Landesfürsten gekürt worden – als Zwölfjähriger – stand jedoch bis 1446 unter der Vormundschaft des deutschen Kaisers.

Herzog Sigmund (»der Münzreiche«) ging als überaus baufreudiger und aufwendig hofhaltender Fürst in die Geschichte ein. Er ließ die Landesfürstliche Burg errichten, gegen 1480. Vorher befand sich

Zugang
In Meran vom Kornplatz durch die altertümliche Laubengasse zum Rathaus. Dort links mittels eines Durchgangs zur Landesfürstlichen Burg.

CASTELLO

dort das alte Kelleramt. Der Herzog, wegen seiner Silberbergwerke und der von ihm eingeführten Geldreform mit einem beziehungsreichen Beinamen bedacht, soll sich in Meran gerne, manchmal sogar über längere Zeitspannen aufgehalten haben. Des öfteren begleitete ihn seine musische und jagdbegeisterte Gattin Eleonore von Schottland. Zuweilen kam der Herzog aber auch alleine. Bei diesen Anlässen munkelte das Volk, er vergnüge sich in der Burg mit schönen Frauen bei amourösen Spielen …

Der kleine Innenhof wird durch ein spitzbogiges »Mannsloch« betreten. Derartige Eingänge findet man bei den meisten Burgen. Dadurch mußte nicht jedem einzelnen Besucher das Haupttor geöffnet werden.

Die verschiedenen Räumlichkeiten sind namentlich ausgezeichnet, so daß die Orientierung leicht fällt. »Kaiserstube« und »Kaiserzimmer« erinnern wohl an den Aufenthalt von Kaiser Maximilian im Sommer 1499. Die Liste der Gäste mit Rang und Namen läßt sich fortsetzen: Erzherzog Ferdinand II., Tiroler Landesfürst zwischen 1563 und 1595; seine Gemahlin Philippine Welser, eine bildhübsche Augsburger Patrizierstochter; Kaiser Ferdinand I. usw. Im Schlafzimmer steht ein Himmelbett. Daneben bewundern wir eine höfische Waschvorrichtung des 16. Jahrhunderts.

Burgenfreunde werden im »Ritterzimmer« die vergilbte, aber sehr aufschlußreiche Landkarte der Grafschaft Tirol aus dem Jahre 1606 studieren, auf welcher sämtliche Burgen und Schlösser der damaligen Zeit eingezeichnet sind.

Besichtigungszeiten
Von April bis Oktober an Werktagen von 9.00 bis 12.00 Uhr und von 14.00 bis 18.00 Uhr.

Anmerkung
Die Zenoburg kann nicht besichtigt werden.

Wanderkarte
1:50 000 Freytag-Berndt-Wanderkarte, Blatt 1.

Landesfürstliches Schloß Meran.

In der langesfürstlichen Burg Meran. Ein kostbarer Kachelofen spendete in diesem Raum einst Behaglichkeit.

Das Inventar stammt aus dem angehenden 16. Jahrhundert, ist aber nicht aus dem Schloß – im Gegensatz zu den Wandmalereien in den Räumen sowie die dekorativen Fresken an der Innenseite des Hofes, den in Höhe des ersten Obergeschosses ein Holzsöller umgibt.

Die Landesfürstliche Burg ist nicht unmittelbar behaftet mit Fehden und Kampfgeschrei. Im Gegenteil, sie spiegelt eine liebenswürdige Seite der Tiroler Geschichte, in der auch Platz und Zeit gegeben war für gemütliche Tischrunden, fröhliche Geschwätzigkeit, Lebensgenüsse aller Art sowie eine erstaunliche Volkstümlichkeit der Herrscher, allen voran Herzog Sigmund.

23

Schloß Tirol – Herzstück des Burgenparadieses

Die Lage von Schloß Tirol im Herzen des Burggrafenamtes über dem Talkessel von Meran, aus romanischen Bögen weit über die Etschlande schauend, seine Mächtigkeit in Form und Ausstrahlung, machen deutlich, daß es sich hier um eine ganz besondere Anlage handelt.

Schloß Tirol ist Stammschloß und Sitz der Grafen von Tirol – Nachkommen eines Vinschgauer Geschlechtes, das sich vom Jahre 1141 an »von Tyrol« nannte und schon ein Jahrhundert später einen vorher ungeahnten Höhenflug erlebte. Infolge des Aussterbens anderer wichtiger Geschlechter (Andechs-Meranien, Eppan usw.) fiel Albert III. – vom Glück begünstigt – deren Lehen in Süd- und Nordtirol praktisch in den Schoß. Mit dem Tode Alberts erlosch das Geschlecht 1253 zwar im Mannesstamm, ein wohlüberlegtes Vermächtnis machte jedoch seine älteste Tochter zur Gemahlin des verwandten Grafen Meinhard IV. von Görz, wodurch die Besitzungen des Tirolers sozusagen in der Familie blieben. Der Görzer siegelte von nun an als »von Görz-Tirol« bzw. als Meinhard I. Der I. »Meinhardiner« von Tirol.

Sohn Meinhard II. erhob sich zum Schöpfer der »Grafschaft Tyrol«, so die offizielle Bezeichnung ab 1271 für das »Land an Etsch und im Gepirg«. Görz war

Anfahrt
Von Meran führt eine Autostraße (4 km) nach Dorf Tirol; gute Busverbindungen, Seilbahn von Meran. Zu Fuß ab der Meraner Pfarrkirche St. Nikolaus über den Küchelberg etwa 1 Stunde.

Schloß Tirol thront hoch auf einem steilen Fels.

von Tirol (westlich der Mühlbacher Klause im Pustertal) losgetrennt worden.

Meinhard regierte von 1258 bis 1295. Eine turbulente Zeit. In anhaltenden Fehden befreite er das Fürstentum Trient – als dessen Vogt er agierte – von bischöflicher Herrschaft und besetzte im gleichen Zug die maßgeblichen Stellen mit ihm wohlgesinnten Personen, die eine straffe Verwaltung garantierten. Dieses rigorose Vorgehen geschah unter dem Wohlwollen des deutschen Königs Rudolf I. Er verschaffte Meinhard von Fall zu Fall den notwendigen Rückhalt bei dessen Aktionen. Unter Meinhard II. wurde das Land größer und reicher denn je. Zum territorialen Gewinn gesellte sich die Aufnahme in den Reichsfürstenstand. Meinhard war verheiratet mit der Wittelsbacherin Elisabeth, der Witwe König Konrads IV. Konradin, der letzte Staufer, den seine Gegner 1268 als 16jährigen in Neapel enthaupteten, war ein Stiefsohn des Tiroler Fürsten.

Von den drei Söhnen Meinhards II. starben Ludwig und Otto schon sehr früh. Graf Heinrich, für drei Jahre König von Böhmen und verheiratet mit der welfischen Adelheid von Braunschweig, hinterließ keine legitimen männlichen Erben, sondern zwei Töchter: Adelheid, Nonne in Frauenchiemsee, und als Erbtochter Margarethe.

Einer der Herren von Luxemburg heiratete 1330 Margarethe von Tirol. Doch 10 Jahre später wurde die Geschichte Tirols – nach Aufhebung der Ehe – von der 23jährigen Margarethe allein bestimmt.

Margerethe mußte 1330 im Alter von 12 Jahren in Innsbruck eine Ehe mit dem neunjährigen Prinzen Johann Heinrich von Luxemburg eingehen. Als ihr Vater 1335 verschied, ein stark verschuldetes Land zurücklassend, trat Margarethe ungewollt auf die Bühne der Tiroler Geschichte. Über keine andere Fürstin ist im

Zugang
In Dorf Tirol neben der Pfarrkirche dem Promenadenweg folgen. Bald zweigt halblinks ein Weg ab zur neugotischen Brunnenburg (Landwirtschaftliches Museum; Besichtigung von 15.00–17.00 Uhr, Dienstag geschlossen).
Wir bleiben auf dem oberen Weg und kommen oberhalb des Sandgruber-Hofes (Törggele-Station) vorbei. Dann geht es durch das dunkle »Knappenloch«, einen 52 Meter langen Tunnel. Wieder im Freien zeigen sich rechts oben Erdpyramiden. Noch ein Steilstück, und wir sind im Schloß Tirol. Von Dorf Tirol 20 Minuten.

Nachhinein so viel Ungereimtes erdacht und geschrieben worden, wie über die »Maultasch« (siehe auch Neuhaus). Nach zehnjähriger Ehe trennte sie sich von ihrem Mann. Wegen Kinderlosigkeit bzw. angeblicher Impotenz des Gatten, wie das Herrscherhaus verlautbaren ließ; wohl mit der Absicht und in der Hoffnung, nicht den Kirchenbann heraufzubeschwören.

Angehörige des höchsten Tiroler Adels boten die nun freie Hand ihrer Landesfürstin in München dem Kaiser Ludwig für dessen Sohn Ludwig von Brandenburg, Herzog von Bayern, an. Keine schlechte Partie, überlegte der Kaiser. Flugs eilten Vater und Sohn mit großem Gefolge über den Brenner- und Jaufenpaß nach Meran und vollzogen die Vermählung. Jetzt saß also ein Wittelsbacher auf dem Thron von Tirol. Allerdings gegen den Willen des Papstes, denn für die Kirche war Margarethe ja noch verheiratet. Das Interdikt, der päpstliche Bannspruch über das Paar und gleichzeitig über das ganze Land, ließ nicht lange auf sich warten. Kaiser Ludwig verlor in diesem Zusammenhang seine Krone an einen Bruder von Margarethes erstem Gatten - inzwischen Vater geworden! -, nämlich an Karl IV. Und der erhob natürlich Erbansprüche. Diese wiederum waren gepaart mit finsteren Rachegedanken wegen des Abschiebens seines Bruders aus Tirol.

Karl IV. nutzte die Abwesenheit Ludwigs in der Mark Brandenburg für einen Überfall auf Tirol. Seine italienischen Söldner waren von Trient her eingebrochen. Margarethe stellte sich den Feinden mutig entgegen, bis ihr Mann Ersatztruppen herbeiführte und den Widersacher verjagte, ohne freilich verhindern zu können, daß dieser zahlreiche Burgen zerstörte und das flache Land samt Meran und Bozen hemmungslos brandschatzte.

Als Margarethe von Meinhard III. entbunden wurde, war dies für die Fürstin sicherlich ersehnte Erfüllung, dem Land einen Nachfolger geschenkt zu haben. Unter dem einfachen Volk indes herrschte keineswegs eitel Sonnenschein. Es litt unter der Knute ihres Herrn. Auch der bodenständige Adel murrte. Zu allem Überfluß suchten die Pest (1347/48), Erdbeben, Überschwemmungen, Heuschrekkenschwärme und Mißernten das ausgeblutete Land heim. Dazu kam die Bedrükkung infolge des Kirchenbannes. Die 14 Nothelfer, in jener Zeit zusammengestellt, schienen sich abgewandt zu haben von Tirol. Kein Wunder, wenn der kleine Mann einen Schuldigen sucht. Vielleicht hat sich sogar aus dieser Atmosphäre jenes ominöse Bild der »häßlichen Herzogin« geschält?

Über dem Tiroler Herrscherhaus schien ein Fluch zu hängen. Daran zweifelte niemand mehr, als 1361 Ludwig von Brandenburg verstarb, und - zwei Jahre darauf sein Sohn und rechtmäßiger Erbe, Meinhard III.

Margarethe übergab schon zwei Wochen später in Bozen das »Fürstentum der Grafschaft Tyrol« dem Habsburger Rudolf IV., dem sie von allen Anwärtern auf Tirol als Base am nächsten stand. Die Habsburger hatten bereits 1359 eine Zusicherung des Erbes erhalten. Dabei mag auch eine Rolle gespielt haben, daß es Albrecht II. durch Vermittlungen gelungen war, den Kirchenbann aufzuheben.

Besichtigungszeiten
Von 9.00 bis 12.00 Uhr und von 14.00 bis 17.00 Uhr. An Montagen sowie an Sonn- und Feiertagen nachmittags geschlossen.

Die Habsburger gelangten 1363 in den Besitz des Fürstentums der Grafschaft Tirol.

Schloß Tirol: Fenster der Schloßkapelle.

Die Landesfürstin in Ruhe lebte noch sechs Jahre in einem Schlößchen im Minoritenviertel in Wien, im heutigen 5. Bezirk, in Margarethen. Sie habe sich dort wie eine Gefangene gefühlt, einsam, vom Heimweh geplagt, erzählte man. Am 3. September 1369 verschied Margarethe im Alter von 51 Jahren. »Bringt mein Herz heim nach Tirol ins Klarissenkloster (heute Volksbank, d. Verf.) zu Meran!« Wie so viele Wünsche zeitlebens, ging auch ihr letztes Anliegen nicht in Erfüllung. Sie wurde auf dem Minoritenfriedhof beigesetzt, wo heute das Haus-, Hof- und Staatsarchiv steht.

Schloß Tirol verkörpert meinhardinische Größe. Der Bergfried mit 11 Meter Seitenlänge ragt noch immer gen Himmel

– wie eine leere Drohung. Im Burghof plätschert ein Brunnen. Aus dem Gärtchen leuchten Blumen. Der an die Kapelle angefügte Bau, einst die Kaplanei, wird bewohnt.

Kunsthistorisch bedeutsam ist der Kaisersaal.

Durch den sogenannten »Kaisersaal«, den unteren Saal des südlichen Palas, hallen die Schritte der Besucher. Was man zu sehen bekommt, ist kaum von geschichtlicher, sondern vorrangig von kunsthistorischer Bedeutung. Zum Beispiel die Doppelkapelle. Ihr unterer Raum (Pankratiuskapelle) war die »capella publica« für das gewöhnliche Volk, während die Elisabethkapelle im ersten Stockwerk als »capella private« diente. Der Freskoschmuck beinhaltet Motive aus der Leidensgeschichte Christi, eine Marienkrönung, die Anbetung der Könige, diverse Heilige sowie Blattranken- und Mäanderfriese. Diese Arbeiten (1370–1380) bilden eine Synthese aus italienischer Romanik und der sich im 13. und 14. Jahrhundert über ganz Europa (Italien ausgenommen) verbreiteten Gotik. Das farbige Glasfenster in der unteren Apsis mit einer thronenden Maria wird der Zeit um 1350 zugeschrieben und gilt als älteste erhaltene Glasmalerei in Südtirol. Anstatt der alten Kreuzigungsgruppe (14. Jahrhundert) hängt eine im 19. Jahrhundert gefertigte Kopie im Raum.

Die kunstvollen Steinmetzarbeiten in den Marmoreinfassungen der Portale stammen aus der Hochblüte des Rittertums. Sie gehören zu den besten und eigentümlichsten romanischen Halbplastiken (um 1150 entstanden) im gesamten Alpenraum. Das Rundbogenportal am Eingang des Palas zieren religiös-symboli-

Die Steinmetzarbeiten in den Einfassungen der Portale gehören zu den besten romanischen Halbplastiken im Alpenraum.

Wanderkarte
1:50 000 Freytag-Berndt-Wanderkarte, Blatt 1.

sche Reliefs, die den Einfluß der lombardischen Steinmetzschule nicht verleugnen lassen. Im Tympanon (Bogenfeld) ist ein segnender Engel mit Kreuzstab gemeißelt. Solcherart Motive sind an sich in profanen Bauwerken ungewöhnlich.

Die Kapellenpforte säumen mystische Gestalten, zum Teil Tiermenschen (»Bestiarien«). Im Tympanon erkennt man die Kreuzabnahme Christi – offenbar symbolisch für den Sieg des Guten über das Böse und für die Erlösung der Menschheit durch Christus.

Der untere Saal (22 x 12,6 m) erfüllte einst repräsentative Aufgaben; desgleichen das Obergeschoß. Dort wird ein Wappensaal vermutet. Ab 1723 war er in Wohnräume (u. a. des Schloßhauptmannes) unterteilt.

Das Land Südtirol (Besitzer seit 1973) hat mit seinem Paradeschloß einiges vor. Mit einem Kostenaufwand von mehreren Milliarden Lire soll es zu einer Kulturstätte ausgebaut werden. Wie vom ehemaligen Landeskonservator Dr. Karl Wolfsgruber 1981 zu hören war, sieht das erste Baulos die Wiederherstellung des Gebäudes am Eingangstor vor, das dem Wächter als Wohnung dienen wird. Das Wirtschaftsgebäude an der Westseite ist für die Aufnahme der archäologischen Landessammlung vorgesehen. Das zweite Baulos konzentriert sich auf das sogenannte »Mushaus« im nordöstlichen Teil des Schloßkomplexes. Dort will man eine landesgeschichtliche Dokumentation unterbringen.

Das Land Südtirol
will zur weiteren Restaurierung mehrere Milliarden Lire bereitstellen.

Bis diese Pläne verwirklicht sind, wird allerdings noch viel Wasser die Etsch und Passer hinunterfließen …

24
Schenna – ein Stück Südtirol

Andreas Hofers Wiege, die im Schloß gezeigt wird, oder die rührende Liebesgeschichte um Erzherzog Johann von Österreich und die Postmeisterstochter Anna Plochl dominieren bei den Führungen. Schloß Schenna bietet darüber hinaus aber auch anderes Bemerkenswertes.

Die Schloßbrücke von Schenna stammt aus der ersten Hälfte des 18. Jahrhunderts. Sie überwindet einen Graben, an den sich ursprünglich ein doppelter Zwinger, die Mauern mit Schwalbenschwanzzinnen besetzt, anschloß - dort, wo sich jetzt Obstbäume ausbreiten. Der halbrunde, 15 Meter hohe Torturm wurde gegen 1525 erbaut. Dem oberen Teil entragen die Steinkonsolen eines ehemaligen Wehrganges. Gleich nach dem Eingang ging es rechts zu den unterirdischen Verliesen (nicht zugänglich). Der Südbau bzw. der alte Palas im Hintergrund des Innenhofes gehört der ersten Burg an. Die meisten anderen Bauteile sind aus der ersten Hälfte des 16. Jahrhunderts.

Im Schloßhof warten wir auf die nächste Führung. Sehen wir uns bis dahin etwas um! Linker Hand steht die Kapelle aus der Zeit kurz vor 1650 als Nachfolgerin der alten Burgkapelle. Daran reihen sich die einstigen Stallungen und Wirtschaftsgebäude: 1547 entstanden, heute Abstellplatz für allerhand Zeug. Auf der linken

Anfahrt und Zugang
Von Meran den Beschilderungen folgend nach Schenna (auch Busverbindungen), wo beim Schloß Parkraum vorhanden ist.

Schloß Schenna mit
Palas und Kapelle.

Führungen
Von April bis Oktober um 10.30, 11.15, 14.30, 15.15 und 16.00 Uhr; an Sonn- und Feiertagen geschlossen.

Seite des innersten Hofes erhebt sich der Osttrakt. Den hintersten Abschluß bildet der schon erwähnte Südtrakt (auf der Freitreppe beginnen die Führungen), an den sich der 45 Meter lange Westtrakt zum Torturm hin anschließt.

In der Geschichte von Schenna steht ganz vorne ein Petermann von Schenna, welcher um die Mitte des 14. Jahrhunderts den Sitz seines Vaters, Eltel von Schenna, auf dem Kirchbühel von St. Georgen aufgegeben hatte und statt dessen am Platz des heutigen Schlosses eine Burg errichtete. Petermann durfte sich bester – unsicherer Überlieferungen nach sogar intimer – Beziehungen zur Landesfürstin Margarethe rühmen, was sein Rang als Burggraf von Tirol und Landeshauptmann bestätigt. Mit Petermann starben die Herren von Schenna im Jahre 1369 männlicherseits in Sarntheim aus.

Durch Heirat kam Hans von Starkenberg in den Besitz von Schenna. Die Starkenberger, tirolische Ministerialen aus Imst (Stammsitz Tarrenz), unternahmen damit den ersten Schritt, im südlichen Tirol Fuß zu fassen. Nachfolgende Generationen brachten es zu einer gewissen Macht, steigerten sich in Übermut, wollten immer mehr und mehr. Sie verbündeten sich mit anderen Adeligen (siehe auch Greifenstein), was verständlicherweise den Landesfürsten ärgerte. »Friedl mit der leeren Tasche« – Herzog Friedrich IV. von Österreich und Graf von Tirol, sah seine Stellung gefährdet. Schließlich befahl er die Belagerung der Burg Schenna. Im Winter 1422/23 erfuhr Schenna seine schicksalsträchtige Prüfung. Ulrich von Starkenberg focht gerade in Böhmen

Durch die Belagerung von 1422/23 hatten die Starkenberger einen moralischen Todesstoß erhalten. Das Geschlecht erlosch 1452.

gegen die Hussiten. Das paßte Herzog Friedrich ins Konzept. Doch des Starkenbergers Weib Ursula, eine gebürtige Truchsessin von Waldburg, erwies sich zusammen mit 43 Getreuen als hartnäkkige Verteidigerin. Eineinhalb Monate lang konnten sich die Eingeschlossenen Tapfer behaupten. Nach einem anschließenden, vierwöchigen Waffenstillstand und Zeit genug zum Überlegen, sah Ursula von Starkenberg keine Chance mehr, den Widerstand fortzusetzen, und ergab sich am 16. Februar 1423. Die Starkenberger hatten einen moralischen Todesstoß erhalten. Ihr Geschlecht erlosch 1452, nachdem ein Ulrich als letzter Sproß im Jahre 1446 von Herzog Sigmund mit Schenna belehnt worden war, gewissermaßen als späte Versöhnung für das Vorgehen seines Vaters Friedrich IV.

Bei den Führungen wird Andreas Hofer, der Freiheitsheld, nicht vergessen, dessen Wiege im Schloß zu sehen ist. Und die Lebensgeschichte des Erzherzogs Johann von Österreich, der Schenna 1844 erworben hatte, zieht sich als roter Faden durch das Schloß. Man erfährt von seiner unstandesgemäßen Ehe mit der Ausseer Postmeistertochter Anna Plochl. Sie durfte nur den Titel »Freifrau von Brandhof« tragen, während ihre Kinder als Grafen von Meran in den höheren Adel aufrückten. Dieses Geschlecht existiert übrigens noch - vornehmlich in Graz lebend - und ist heute Eigentümer von Schloß Schenna. Franz Graf von Meran errichtete seinem Vater nach dessen Tod am 11. Mai 1859 ein neugotisches Mausoleum auf dem Friedhof von Schenna. Er ruht neben seiner geliebten »Nani«.

Wanderkarte
1:50 000 Freytag-Berndt-Wanderkarte, Blatt 1.

Andreas Hofers Wiege ist im Schloß zu besichtigen.

25
Kastellbell – Straßenfeste im Vinschgau

Als mächtige, 70 Meter lange und 30 Meter breite Feste auf steilem Fels unmittelbar über der Ortschaft Kastellbell an der Vinschgauer Staatsstraße präsentiert sich die Burg Kastellbell heute wieder, nachdem die Schäden eines Brandes von 1825 weitgehend behoben sind.

Anfahrt
Auf der Vinschgauer Staatsstraße nach Kastellbell (von Meran 25 km). Parkplätze in der Ortschaft beiderseits der Durchgangsstraße sowie an der Bahnstation.

Zugang
Schräg gegenüber der Etschbrücke auf dem Schloßwegbergan in guten 5 Minuten zum Eingang.

Südfront von Kastellbell.

Nach dem Klingeln am Burgtor kläffte dahinter ein Hund. Es verging eine Weile, bis eine Dame öffnete, etwas verschüchtert – ich hatte den Eindruck: eine unscheinbare Person – die Comtesse Hendl aus dem gleichnamigen, 1697 gegraften Geschlecht.

Mit dem Tode ihres Vaters im Jahre 1949 waren die Hendl im Mannestum ausgestorben und ihre Burg an die Republik Italien übergegangen. Die Comtesse bewohnt ein paar Räume im Stammsitz ihrer Vorfahren, die aus der Schweiz in den Vinschgau gekommen waren, um 1475 Schloß Goldrain erbauten und zu den führenden Adelsfamilien aufstiegen. Noch 1809 kämpfte ein Vertreter des Geschlechts als Feldhauptmann unter Andreas Hofer.

Ein Sigmund Hendl erhielt das in den Bauernaufständen von 1525 verschont gebliebene Kastellbell am 31. Januar 1531 von König Ferdinand I. gegen ein Pfand von 12000 Gulden. Vorher saßen die Herren von Annenberg (ab 1443), das

Führungszeiten
Offiziell (laut Landesverkehrsamt für Südtirol) vom 15. Juni bis 15. September. Eine Besichtigung ist allerdings Glückssache, weil die Burg häufig »unbestimmte Zeit geschlossen« ist, wie ein handgeschriebener Zettel am Tor verkündet.

Grundrißplan von Kastellbell
A = Zugang;
B = Burgtor;
C = Innenhof;
D = vielleicht Bergfried;
E = Palas;
F = Kapelle;
G = »pastey gegen den Vintschgaw«;
H = Nordrondell;
I = Kleiner Saal;
K = Küche;
L = östliche Vorburg;
M = Stallgebäude.

Brüderpaar Sigmund und Cyprian von Niederthor und Jörg von Montani (ab 1472), sowie die Familie Khuen (ab 1505) auf Kastellbell. Die 1615 in den Freiherrenstand erhobenen Hendl - ein Franz Hendl diente 1581 als Tiroler Landeshauptmann - ließen die Burg weitgehend in ihrer bis heute gut erhalten gebliebenen Gestalt ausbauen.

»Chastellbell«, wie es 1238 erstmals in einer Urkunde erscheint, dürfte mit einiger Sicherheit um diese Zeit entstanden sein und befand sich im Besitz der Tiroler Landesfürsten. Die kleine Gründungsanlage nahm ihren Platz ungefähr in der Mitte des Burgfelsens ein.

Das eindrucksvollste Bild bietet Kastellbell von der Bahnstation am jenseitigen Ufer der Etsch. Die entgegengesetzte Nordseite offenbart sich beim Aufstieg über den Schloßweg: Zunächst haben wir links die östliche Vorburg aus der Zeit um 1500, der ein Rundturm angebaut ist. Die Vorburg liegt etwa 10 Meter tiefer als der mittelalterliche Kern. Die Nordfront des Palas ist mit Mauerzinnen gekrönt. Das dreigeschossige nördliche Rondell aus dem frühen 17. Jahrhundert weist einen

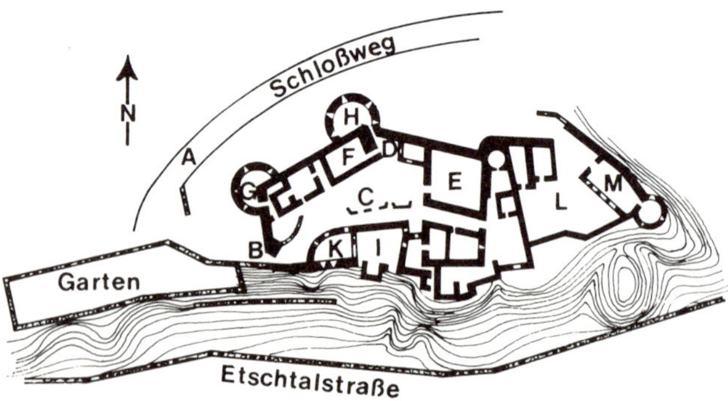

lichten Durchmesser von 6,50 Meter auf. Die Geschützscharten im unteren Teil sowie oben die Maulscharten - Schießöffnungen für Handfeuerwaffen - hatten die Hangseite im Schußfeld, so daß es für Angreifer nahezu aussichtslos war, sich der Burg zu nähern.

An der Nordseite entragt der Wehrmauer die ursprünglich viergeschossige »pastey gegen den Vintschgau« (Sigmund Hendl). Auch hier verschieden geformte Schießscharten für die Verteidigung des Haupteinganges.

Über dem Burgtor dräut ein Gußerker, wie man ihn allenthalben an Toren und Ringmauern findet. Durch den offenen Boden konnten heiße Flüssigkeiten - Wasser, Öl, Pech, Teer, geschmolzenes Metall - gegossen werden.

Den Innenhof flankiert rechts, durch einen sehr schönen gotischen Treppengiebel gekrönt, ein Gebäude mit der mittelalterlichen Burgküche, die in ihrer mustergültigen Erhaltung einzigartig ist in Südtirol.

An die Küche angebaut ist der Trakt mit dem kleinen Rittersaal. Links befinet sich im ersten Obergeschoß des Nordbaues die Kapelle aus dem frühen 14. Jahrhundert mit einem Glockentürmchen. Laut einer Stiftungsurkunde von 1319 ist sie »unser frauen und aller heiligen« geweiht.

Im Hintergrund des 25 Meter langen Hofes erheben sich die Mauern des Palas. Vom kostbaren Inventar ist so gut wie nichts mehr vorhanden. In der Kapelle zeugen noch einige Fresken vom Glanz vergangener Zeiten, der auf Kastellbell ruht.

Wanderkarte
1:50 000 Freytag-Berndt-Wanderkarte, Blatt 2.

26

Obermontani - Untermontani - Hüter des Martelltals

Wer von den Resten der Burgen Obermontani und Untermontani enttäuscht sein sollte, zumal Obermontani derzeit wegen Sicherungs- und Restaurierungsarbeiten nicht zu besichtigen ist, wird durch großartige Fresken in der Stephanskapelle mehr als entschädigt.

Vor mehr als 1000 Jahren war der Ausgang des Martelltales durch eine mächtige Geröllmoräne, welche der einstige Gletscher vor sich hergeschoben hatte, praktisch verriegelt. Taleinwärts erstreckte sich ein See. Eines Tages brach der natürliche Staudamm an seiner Westseite. Seitdem fließt der Plimabach ungehindert zur Etsch. Auf der höchsten Stelle des Moränenrückens entstand im frühen 13. Jahrhundert unter Graf Albert III. von Tirol eine Burg - widerrechtlich auf Churer Territorium. Bischof Berthold von Chur trat dieser Anmaßung energisch entgegen. Er zwang den Tiroler durch einen im November 1228 in Glurns geschlossenen Vertrag, die Burg als Churer Lehen zu akzeptieren. Meinhard II. von Tirol fühlte sich ein halbes Jahrhundert danach nicht mehr gebunden an das von seinem Großvater unterzeichnete Papier und reihte die Burg in seinen Besitz ein und belehnte sie an treu ergebene Gefolgsleute.

Unter Victor von Montani erfolgte um die Mitte des 16. Jahrhunderts ein grund-

Anfahrt
Auf der Vinschgauer Staatsstraße nach Goldrain (zwischen Latsch und Schlanders), von wo eine Straße nach Morter auf der südlichen Etschtalseite abzweigt; Parkplätze beim Hotel Krone. Busverbindungen. In Morter lohnt sich ein Blick in das Vigiliuskirchlein aus dem späten 11. Jahrhundert; Schlüssel bei Leo Haringer im Bauernhof nordwestlich der Kirche.

Ausblick vom Torbau von Untermontani auf Obermontani.

Grundrißplan von Obermontani
A = Burgtor;
B = Bergfried;
C = Burghof;
D = Wohnturm;
E = Zisterne;
F = Arkaden;
G = Palas;
H = Kapelle.

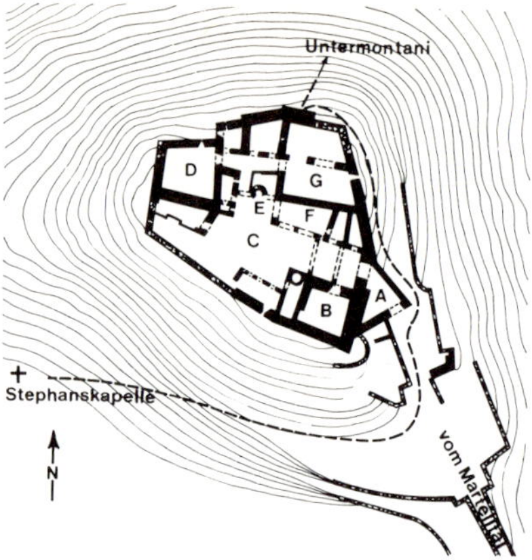

legender Umbau. Im Jahre 1641 starben die Montani aus. Maximilian Freiher von Mohr, ein Tiroler Geschichtsschreiber, sowie seine in den Grafenstand erhobenen Nachfahren bemühten sich hingebungsvoll um die Erhaltung. Noch 1844 konnte der Chronist Staffler von Obermontani schwärmen, es sei von »blühender Gestalt, ein stattliches Denkmal ritterlichen Zeitalters …« In der Folge ging es dann leider rapide abwärts. Ein regelrechter Ausverkauf des wertvollen Mobiliars setzte ein, zu Schleuderpreisen. Kostbare Steinmetzarbeiten wurden zerschlagen und als Baumaterial zweckentfremdet. Zum Glück konnte wenigstens das Nibelungenlied (Handschrift I auf Pergament von 1323) gerettet werden; heute Stiftung Preußischer Kulturbesitz in Berlin.

Im Jahre 1937 gingen Obermontani und Untermontani an den italienischen Staat über. Seit den sechziger Jahren unternimmt das Denkmalamt der Republik (Außenstelle Verona) schleppende Sicherungs- und Restaurierungsmaßnahmen in Obermontani.

Das Denkmalamt ist seit den sechziger Jahren um den Erhalt von Obermontani bemüht.

Anders verhält es sich mit Untermontani. Die Ruinenstümpfe sind jederzeit zugänglich. Weingartner vertritt die Auffassung, die Anlage sei im 12. Jarhundert erbaut. Über die Funktion von Untermontani sind sich die Burgenkundler uneinig. Nach Oswald Graf Trapp »bildete der ›Turm unter Montani‹ einst ein Vorwerk der darober liegenden Hauptburg«. Otto Piper denkt anders: »Ober- und Untermontani haben, wie das durchweg der Fall ist, mit den vermeintlich zu gegenseitigem Schutze errichteten ›Burgengruppen‹ nichts zu tun. Besonders konnte den angegebenen örtlichen Umständen nach eine Belagerung der oberen Burg durch eine Besatzung der unteren nicht nennenswert erschwert werden, und ander-

Torbau und Bergfried von Untermontani.

Der Bergfried von Obermontani.

seits hat man gewiß nicht jene große zum Schutze dieser kleinen erbaut. Entweder haben beide Burgen gar nichts miteinander zu tun gehabt, oder die eine ist als eine selbständige Erweiterung der anderen erbaut worden«.

Die Burgen Obermontani und Untermontani als solche geben uns nicht allzuviel. Dennoch lohnt die Wanderung, die auf der Hauptstraße von Morfeu zunächst zur spätgotischen Pfarrkirche (Fresko der Auferstehung Christi, 1979 freigelegt) führt. Weiter auf der Martellerstraße, etwa 150 Meter nach der Überquerung des Plimabaches halblinks von der Straße herunter. Unser Weg hält sich links, überschreitet einen weiteren Bachlauf und stößt auf ein Fahrsträßchen, das in Richtung Obermontani ansteigt; halblinks sehen wir die Stephanskapelle, die man keinesfalls versäumen sollte. Denn dort zeigt der fachkundige Bauer des Schloßhofes die großartigen Fresken (gegen 1000 Lire), von denen Fachleute behaupten, sie gehörten zu den sehenswertesten sakralen Wandmalereien im Südtiroler Raum. Oberhalb des Schloßhofes kann eine Falknerei besichtigt werden.

In Obermontani schlendern wir rechts an der östlichen Ringmauer entlang auf die Nordseite, von der wir uns rechts mit einem schmalen Weg abwenden. Im Frühjahr blüht hier die Küchenschelle. Auf einem Moränenrücken hinunter zum gotischen Torbau von Untermontani. Der breite Halsgraben wurde nicht von einer Zugbrücke, sondern von einer der selten vorkommenden Wippbrücken überspannt. Die beiden ausgemauerten Öffnungen unter der Einfahrt nahmen die für den Wippvorgang erforderlichen Gegengewichte auf.

Hinter dem Torbau, an dem noch das Spähloch zu erkennen ist, umfängt uns der Zwinger. Der einst dreigeschossige Bergfried ist zur Hälfte mit abbröckelndem Moränenschutt in den Graben gestürzt (1943). Von diesem Schicksal wird über kurz oder lang auch das restliche Mauerwerk nicht verschont bleiben. - Ein Tor durch die gut erhaltene Ostmauer führt in den kleinen Burghof. Rechts stehen die Mauern des Palas. Er diente ausschließlich Wohnzwecken, im Gegensatz zum Wehrbau des Bergfriedes.

Der Abstieg wird auf der Ostseite fortgesetzt. An der nördlichen Basis des Burghügels scharf links auf den Bierkellerweg. Wenig später über den Plimabach und auf dem Bierkellerweg durch Wiesen zur Straße. Jenseits vollends zur Hauptstraße und links zum Hotel Krone in Morter. Die Gehzeit beträgt insgesamt etwa 1 Stunde.

Wanderkarte
1:50 000 Freytag-Berndt-Wanderkarte, Blatt 2.

Der Abstieg nach Morter dauert etwa 1 Stunde.

27

Annenberg – am Sonnenhang des Vinschgaus

Zwischen Goldrain und Latsch im unteren Vinschgau thront auf einer Kuppe 400 Meter über der Etsch die selbst vom Tal aus noch imposant erscheinende Burg Annenberg. Den besten Blick auf den Komplex vermittelt der Abstieg vom Forahof.

Anfahrt
Auf der Vinschgauer Staatsstraße entweder von Meran (26 km) oder vom Reschenpaß (49 km) nach Latsch. Parkplätze an der Seilbahn-Talstation; Betriebszeiten von 8.00 bis 12.30 und von 14.00 bis 19.00 Uhr (frühzeitig Platzkarten holen!).

Annenberg mit Annakapelle, von Norden gesehen.

Aus der Vogelperspektive sind die Baulichkeiten gut zu überschauen: Ein quadratisches Mauerngeviert mit Eckrondellen als vorgeschobener Schutz für die 12 Meter dahinter aufragende Hochburg, deren Palas zu der in Frage kommenden Angriffseite gerundet ist. Die Anlage kann nicht besichtigt werden. Sie gehört einem Deutschen. Er verbringt jedes Jahr einige Wochen in Annenberg und hat bereits enorme Summen für die Erhaltung ausgegeben.

Im muldenähnlichen Sattel vor der Nordwestfront steht die spätgotische, 1982 renovierte Annakapelle (verschlossen). Über dem eingekehlten Spitzbogenportal die Jahreszahl 1516 und das annabergische Wappen – ein Ast mit drei Blüten.

Die Annenberger erscheinen namentlich erstmals 1318 mit einem Heinrich. Dieser nannte sich vorher, als Burggraf von Tirol, »von Partschins«. König Heinrich hatte ihn mit einer Hälfte der Burg belehnt. Die andere Hälfte, durch eine Mauer getrennt, gehörte dem Matscher

Zugang
Den bequemsten Zugang (ca. 1 Stunde) vermittelt ein Fahrweg vom Schloß Goldrain (Renaissancebau) im gleichnamigen Ort, 3,5 km westlich von Latsch.

Wanderkarte
1:50 000 Freytag-Berndt-Wanderkarte, Platz 2.

Wanderung zur Burg
Von Latsch mit der Seilbahn nach St. Martin. Anschließend 3stündiger Fußmarsch.

Vogt Egno, der seinen Anteil im Jahre 1327 gegen 20 Mark Berner (ungefähr der Wert von 8¼ Pfund Silber im Spätmittelalter) abtrat. Sprößlinge der Annenberger erwarben im Laufe der Zeit vertrauensvolle Stellungen am Hofe Herzog Sigmunds. Die Familie existierte bis ins Jahr 1695, genau bis zum 7. Januar dieses Jahres, als sie mit dem Tode des Freiherren Leopold von Annenberg erlosch.

Von der ersten, hochmittelalterlichen Burg, welche Heinrich damals in leidlichem Zustand übernahm, fehlt jegliche nennenswerte Substanz. Die Annenberger hatten ab dem frühen 16. Jahrhundert den neuen, wehrhaft geformten Sitz geschaffen - wahrscheinlich unter dem Schock des Engadiner Krieges 1499 -, den wir vor uns haben.

Bei trockenem Wetter lohnt es sich, die Burgbesichtigung mit der nachfolgend beschriebenen 3½stündigen Wanderung zu verbinden.

Von Latsch mit der Seilbahn nach *St. Martin* (1776 m). Ab der Bergstation auf breitem Weg Nummer 14 durch den aussichtsreichen Hang. Nach 20 Minuten verschmälert sich der Weg zum Pfad. Und wiederum 20 Minuten später sind wir beim *Egghof* (1677 m, Jausenstation), dessen Ursprünge ins 12. Jahrhundert zurückreichen. Die drei hier lebenden Familien haben erst seit 1980 elektrisches Licht.

Anschließend kurz bergan, einen vermurten Tobel traversieren und zum *Forahof* (1689 m), einem der urtümlichsten Bergbauernhöfe in Südtirol. Eine Tafel zeigt links (Weg Nr. 6) in Richtung »Annaberg«. Durch den Hof abwärts. Der

Annenberg – umgeben von einer zinnenbewehrten Burgmauer.

schmale Weg senkt sich im steilen Wiesenhang in den Foraerwald. Etwa ¾ Stunden unterhalb des Forahofs stößt man auf einen Querweg. Mit ihm weiter abwärts. Es folgt ein Wegkreuz. Der breite Weg bringt uns zu einem Waal und kurz darauf zur Annakapelle vor *Annenberg.*

Auf einem Fahrweg rechts unterhalb der Burg dem Tal entgegen. Wenige Minuten später biegen wir links im spitzen Winkel in den Panoramaweg ein und halten uns an die weiß-roten Markierungen. Ein Tobel wird bei einem Wasserfall auf einer 20 Meter langen Hängebrücke überwunden. Wir bleiben auf dem oberen, breiteren Weg. Es geht nun eine zeitlang aufwärts. Etwa ¾ Stunden nach Annenberg senkt sich dann der Weg endgültig – steil und steinig zur Talstraße, die schräg links überquert wird, worauf wir bei der Seilbahn-Talstation, unserem Ausgangspunkt, eintreffen.

28

Schlandersberg – ein trauriger Zustand

Jedem engagierten Burgenfreund muß das Herz bluten, wenn er vor Schlandersberg steht. Doch vom Etschtalboden aus betrachtet, läßt sich nicht erahnen, wie schlecht es um den einstigen Stammsitz des gleichnamigen Geschlechts steht.

Schlandersberg gehört seit 1950 dem Stecher von Graun, einem Bauern. Er hatte ebenso wie 500 andere Bewohner des ansehnlichen Dorfes Graun, dem Reschensee weichen müssen. Mit einer dürftigen Abfindung sowie dem Ersparten kaufte der Bauer die Burg als landwirtschaftlichen Besitz. Er sei froh, wenn's nicht zum Dach reinregnet, meint der geprüfte Mann etwas resigniert, mehr würden seine finanziellen Mittel nicht zulassen.

Eine Innenbesichtigung von Schlandersberg lohnt sich nicht. Mir erschien das Ganze wie eine seelenlose Hülle, obwohl der südliche Trakt bewohnt wird. Den Kern der Anlage bildet ein 19 Meter hoher Bergfried. An ihn lehnen sich die Pultdächer eines Gevierts aus dem 16. Jahrhundert: Wohn- und Wirtschaftsgebäude.

Die Schlandersberger, die in der ersten Hälfte des 15. Jahrhunderts zu den maßgeblichen Geschlechtern in Südtirol zählten, scheinen sich auf ihrem Ansitz Kasten drunten in Galsaun (bei Kastellbell)

Anfahrt
Entweder von Meran (35 km) oder vom Reschenpaß (41 km) auf der Vinschgauer Staatsstraße nach Schlanders.

Zugang
Vom Freibad auf einem asphaltierten Fahrweg entlang des Schlandrauner Baches einwärts. Nach blauen Wasserbecken rechts halten und auf streckenweise felsigem Weg in ¾ Stunden hinauf zur Burg Schlandersberg.

Schlandersberg: Wohngebäude mit Bergfried.

Schlandersberg: die Fassade des Wohntraktes.

wohler gefühlt zu haben als hier auf der Höhe, sonst hätten sie ihre Stammburg bestimmt anders ausbauen lassen. Das Geschlecht, 1696 in den Grafenstand erhoben, starb 1755 aus. Nicht ohne zeitgeschichtliche Persönlichkeiten hervorgebracht zu haben: Peter von Schlandersberg fiel am 9. Juli 1386 in der Schlacht gegen Luzern bei Sempach. Uto von Schlandersberg brachte es zum Dompropst in Freising; Friedrich gar zum Bischof von Freising. Heinrich von Schlandersberg begleitete Herzog Friedrich IV. auf das Konzil in Konstanz und kämpfte für König Sigmund 1420 gegen die böhmischen Hussiten. Mit Heinrich profilierte sich ein leidenschaftlicher Führer des »Elefantenbundes« gegen Herzog Friedrich IV. (siehe auch Greifenstein).

Von all dem weiß der Stecher von Graun natürlich überhaupt nichts, er will vielleicht gar nichts wissen, weil es ihm – verständlicherweise – einzig und allein um's tägliche Brot geht.

Wanderkarte
1:50000 Freytag-Berndt-Wanderkarte, Blatt 2.

29

Lichtenberg – die Prachtruine im Vinschgau

Wenn man bei einer Burgruine überhaupt von prächtig sprechen kann, dann bei Lichtenberg: »Zwischen lichten Sandbergen und grün umbuschten Hügeln die es amphitheaterlich umgeben«, wie der Chronist Staffler im vorigen Jahrhundert so anschaulich schrieb.

Lichtenberg ist zu Beginn des 13. Jahrhunderts unter den Grafen von Tirol aus dem Boden gewachsen, als Trutzburg im wahrsten Sinne, vor der Nase der Churer Fürstbischöfe. Ritterherrlichkeit klingt an, wenn man durch die weitläufige Ruine streift, wo einst edle Herren mit Hofgesinde und Burgknechten lebten: farbenfrohe Gewänder, Waffenspiel, die geblähten Nüstern der Pferde. Längst verklungen – Sporengeklirr und Rossetraben, ungestüme Befehlstöne, überschäumende Festlichkeiten…

Die Ruine ist noch im Besitz der gräflichen Familie Khuen-Belasy. Damit lebt eine Tradition fort, deren Ursprünge fast 500 Jahre zurückreichen: 1513 erwarb ein Pankraz Khuen die Anlage, zunächst als Pfand, später als festen Lehensbesitz. Sein Geschlecht stieg 1573 in den Freiherrenstand, 1630 in den Grafenstand auf. Bereits Pankraz Khuen hatte Lichtenberg gründlich umgestalten lassen. Die Wohngebäude wurden vergrößert, und bei dieser Gelgenheit die älteren Bauteile zu

Anfahrt
Die Ortschaft Lichtenberg im Vinschgau auf der westlichen Seite des Etschtales erreicht man von Prad oder von Schluderns über Glurns; Busverbindungen. Geparkt wird im Ort.

Lichtenberg; Nordwestseite mit Rondell.

einem Komplex miteinander verbunden. Um 1520 entstand das mächtige Eckrondell: 20 Meter hoch, viergeschossig, acht Meter im Durchmesser. Aus seinen Schießscharten konnte sowohl der Eingang als auch die westseitige Mauer mit Feuerwaffen bestrichten werden.

Lichtenberg war einst eine Ganerbenburg.

Auf Grund der Gegebenheiten ist anzunehmen, daß Lichtenberg von mehreren Familien bewohnt, also eine sogenannte »Ganerbenburg« war. Und das nicht erst zu Zeiten der Khuen, sondern schon im 14. und 15. Jahrhundert, als das

Zugang
Aus dem Dorf nordwärts bergan auf einem asphaltierten Fahrsträßchen zum Alpbach. Diesseits weiter taleinwärts, bis sich der Weg rechts wendet und hinaufführt zur Burgruine.
Von Lichtenberg 20 Minuten.

Geschlecht der Lichtenberger die landesfürstlichen Lehensrechte besaß. Den Engadiner Krieg dürfte die Feste unbeschädigt durchgemacht zu haben, obwohl in der Umgebung ein Dorf nach dem anderen in Flammen aufging und die Tiroler Truppen in der »Calvenschlacht« die furchtbarste Niederlage ihrer Geschichte erlitten.

Johann Jakob von Khuen-Belasy, seines Zeichens Erzbischof von Salzburg (1560–1568), sorgte 1575 für eine neue, dem Hl. Johann geweihte und mit Reliquien des Hl. Leopold versehenen Burg-

Den Engadiner Krieg und seine schrecklichen Folgen dürfte Lichtenberg unbeschadet überdauert haben.

Wanderkarte
1:50 000 Freytag-Berndt-Wanderkarte, Blatt 2.

kapelle. Ein Kruzifix aus der Kapelle hängt im Diözesanmuseum in Brixen.

Beim Aufstieg über den Burgweg sehen wir links in der ostseitigen Mauer den Stumpf des viergeschossigen Hilprantsturmes (Wohnturm) aus dem 14. Jahrhundert; rechts säumen niedere Mauerreste des Zwingers den Weg. Nun tritt dem Besucher das imposante Rondell entgegen. Die verblichenen heraldischen Wandmalereien stellen das Wappen von Kaiser Maximilian (oben Mitte), den österreichischen Bindenschild und den Tiroler Adler sowie die Wappenschilder der Eheleute Pankraz Khuen und Potenziana Firmian dar.

Im Geschoß über dem Toreingang befand sich die erwähnte Kapelle. Der langgestreckte untere Burghof öffnet sich. Ein weiterer Toreingang in einem Quertrakt erlaubt den Zugang in den oberen Burghof. Dort steht noch die Ruine einer kappengewölbten Halle. Bestechend sind die hohen Mauern des Palas, der aus zwei

Grundriß von Lichtenberg
A = Burgtor;
B = Kapelle;
C = Brüstungsmauer;
D = unterer Burghof;
E = Stallgebäude;
F = Hilprantsturm;
G = Tor;
H = Quertrakt;
I = oberér Burghof;
K = wahrscheinlich Bergfried;
L = gewölbter Hallenbau;
M = Garten;
N und O = Palas;
R = Rondell;
T = kleiner Turm in der Ringmauer.

Palasmauer von Lichtenberg; rechts das Tor aus dem unteren Burghof.

Gebäuden bestand. Vor der unteren Mauerfront breitete sich ein Garten aus, laut Otto Piper vermutlich »in nachmittelalterlicher Zeit zu einem Lustgarten französischen Geschmacks umgestaltet«.

Der östliche Palas besaß im ersten Obergeschoß einen großen Saal. Seine Fenster mit Seitenbänken sind gegen das Etschtal gerichtet. Typisch für die Gotik: kleine Lichtnischen und »Wandkästchen«. Der Freskenschmuck in den Palästen mußte 1912 aus Gründen der Erhaltung abgenommen werden und ist seitdem im Tiroler Landesmuseum Ferdinandeum in Innsbruck zu bestaunen. In Lichtenberg selbst sind Reste der Malereien nur noch an wenigen Stellen zu erkennen. Ausführliche Angaben der Freskenzyklen - neben denen auf Runkelstein die besten profanen des mittelalterlichen Südtirol - sind im »Tiroler Burgenbuch« (Band Vinschgau) von Oswald Graf Trapp oder in »Österreichische Burgen« (Band VI) von Otto Piper nachzulesen.

30

Churburg – Glanzlicht der Südtiroler Burgen

Churburg – die Schönste im Lande? Man mag sich noch so sehr vor Superlativen hüten, man kann nicht umhin, festzustellen, daß die Churburg als Juwel in der Krone der Südtiroler Burgen am Sonnenhang oberhalb von Schluderns im Vinschgau strahlt.

Anfahrt
Auf der Vinschgauer Staatsstraße entweder vom Reschenpaß (24 km) oder von Meran (52 km) nach Schluderns. Parkplätze im Ort.

Zugang
Der Burgweg beginnt zwischen den Gasthäusern Rössl und Hirschen. In knapp 10 Minuten bergan über einen Parkplatz zum vorderen Torturm der Churburg.

Churburg, vom Parkplatz aus gesehen.

Das geschlossene Gesamtbild dieser artgemäßen Dynastenburg wird überragt von den Schwalbenschwanzzinnen des 28 Meter hohen Bergfriedes. An den Fenstern leuchtet der rote, dreifach gebrochene Balken in Form eines W aus dem Wappen der Besitzer, der Grafen Trapp. Das steierische Rittergeschlecht kam als Erbe der Edelfreien von Matsch, Churer Vögte, im Jahre 1504 in den Lehensbesitz, gelangte 1655 in den Grafenstand und ist seit 1851 Eigentümer. Derzeitige (1983) Burgherren sind Dr. Hans Graf Trapp und Dr. Oswald Graf Trapp.

Seit der ersten urkundlichen Erwähnung 1259 als »Churberch« durch Fürstbischof Heinrich IV. von Chur, dessen Sprengel über den gesamten Vinschgau bis zur Passer reichte, hat niemals eines Feindes Fuß die Burg betreten. Sie widerstand 1499 sogar der Belagerung durch Bündner Truppen im Engadiner Krieg, während dessen Verlauf dem kaiserlichen Tiroler Heer eine vernichtende Niederlage zugefügt und weite Teile des Vinschgaues

Führungszeiten
Vom 20. März bis 31. Oktober von 10.30 Uhr bis 12.00 Uhr und 14.00 bis 16.30 Uhr bei mindestens sechs Personen. Montag geschlossen (außer der Montag fällt auf einen Sonn- oder Feiertag).

in Schutt und Asche gelegt wurden. Als Bewaffnung registrierte ein Zeugbuch damals vier Feldgeschütze, 87 Büchsen, 40 Armbrüste (mit 20000 Bolzen) sowie 15 Zentner Pulver und 8 Zentner Schwefel: Für die Verhältnisse in maximilianischer Zeit eine sehr starke Feuerkraft, die in Südtirol nur noch von Sigmundskron übertroffen wurde.

Den ausgezeichneten Zustand der Baulichkeiten verdankt die Anlage der Besitzkontinuität durch das Geschlecht der Trapp. Es erneuerte die mittelalterliche Festung in der ersten Hälfte des 16. Jahrhunderts von Grund auf.

»In der so gut erhaltenen Churburg können wir beobachten, wie unter den Trappischen Jakoben der neue Geist der Renaissance und des gelehrten Humanismus mit seinem heidnisch antiken Gedankengut bis tief ins abgelegene Alpental vordringt. Daneben bekundet die Familie aber unentwegt ihre treue Ergebenheit zum Herrscherhaus, dem sie ihre Stellung verdankt, und hält am angestammten Glauben fest«, charakterisiert Dr. Oswald Graf Trapp die Zeit und die Umstände, in der seine Vorfahren wurzeln. Der Graf lebt in Schloß Friedberg bei Volders in Nordtirol und hat ein unvergleichlich ausführliches und fundiertes »Tiroler Burgenbuch« verfaßt.

Die Führungen erschließen nur einen Bruchteil der Räumlichkeiten.

Die Führungen erschließen nur einen Bruchteil der Räumlichkeiten: Stube der Burgknechte, ein Blick in einen holzgetäfelten Wohnraum (nur wenn die gräfliche Familie abwesend ist), Jakobzimmer (vier Trappe trugen den Namen Jakob), Arbeitszimmer, alte Kapelle und die 1889 unter Gotthard Graf Trapp eingerichtete

Rüstkammer. Vom vorderen Tortum (Eingang) steigt der gassenähnliche äußere Burghof an. Im inneren Hof gefallen die herrlichen, im Stil der Renaissance ausgemalten Loggien.

Wanderkarte
1:50 000 Freytag-Berndt-Wanderkarte, Blatt 2.

Höhepunkt der Besichtigung ist die Rüstkammer mit annähernd 50 vollständigen Rüstungen aus den bedeutendsten Plattnereien Mitteleuropas. Es handelt sich – wie bei den mittelalterlichen Waffen – fast ausnahmslos um Stücke aus der Churburg bzw. aus Familienbesitz. Über Tonband wird man über diese weltweit gerühmte Sammlung unterrichtet. Noch nachhaltiger sind die Eindrücke, wenn man das Glück hat (wie der Autor), von Oswald Graf Trapp persönlich auf die Prachtstücke hingewiesen zu werden.

Nach dem Rundgang empfiehlt es sich, die Churburg auch noch von außen zu betrachten, was zu einem ausgewogenen Gesamteindruck beiträgt: Vom Parkplatz auf der steingepflasterten Korbergass (Burgweg) ansteigen entlang der 138 Meter langen und bis zu 11 Meter hohen Südmauer zu dem kurz nach der Mitte des 16. Jahrhunderts unter Jakob VII. erbauten, zweistöckigen Taubenturm. Seine Außenmauern sind bemalt mit Wappen, einer Sonnenuhr sowie u. a. mit dem Jerusalemkreuz, das wir bereits vom Pilgermantel aus dem Jakobzimmer kennen. Geht man auf der südostseitigen Wiese ein Stück hoch, öffnet sich ein umfassenderer Blick. Jetzt ist der Burggarten einzusehen (Schwimmbad), wo früher bei besonderen Anlässen Turnierspiele stattfanden. Gewaltiger als alles Menschenwerk: Der 3902 Meter hohe Ortler im Süden.

Aussicht
Von der südostseitigen Wiese auf den Burggarten und das gewaltige Ortlermassiv (3902 m).

31

Rotund - Unterreichenberg Burgruinen im Münstertal

Der Name der Burg Rotund leitet sich höchstwahrscheinlich von ihrem weithin sichtbaren runden Bergfried ab. Und ihr Standort in 1517 Meter Höhe macht sie zu einer der höchstgelegenen Burgen in ganz Tirol.

Anfahrt
Von der Vinschgauer Staatsstraße zweigen in Schluderns und Mals Straßen nach Taufers ab. Von Meran über Schluderns 60 km. Busverbindungen. Parkplätze Ortsmitte beim Gemeindeamt und Hotel Lamm.

Rückweg
In 10 Minuten hinunter zum Baustadelhof. Von dort Fahrweg nach Taufers.

Touristen, die durch das Münstertal fahren, trachten in der Regel zielstrebig der Schweizer Grenze entgegen. Dabei ignorieren sie unwillkürlich die alte Ortschaft Taufers sowie deren kunsthistorische Feinheiten. Gemeint ist die romanische Johanneskirche - unter der Bevölkerung »Santa Hans« - mit stilvollen Fresken aus dem 8. und dem 13. Jahrhundert.

Aber auch die Burgen am westlichen Talhang verdienen Beachtung, weil sie in der wechselvollen Geschichte des mittelalterlichen Bistums Chur und des Vinschgaues eine nicht zu unterschätzende Rolle gespielt haben, namentlich als Sicherungs- und Überwachungswerke an der Straße aus dem Engadin ins Etschtal.

Zu Anfang hausten dort Churer Ministerialen, die sich »von Rotund« nannten. Während des 14. Jahrhunderts wohnten gelegentlich Churer Fürstbischöfe auf Rotund, der oberen Burg. Vom Bistum Chur kamen die untere und obere Burg im Jahre 1310 um den Gegenwert von rund 66 Pfund Silber an die Herren von

Reichenberg, nach einem glaubwürdigen Chronisten (Staffler) »allgemein gefürchtete Abenteurer«.

Zu den beiden Anlagen gehörte auch der talauswärts im Hang stehende quadratische Turm (spärliche Überreste) »Helfmirgott«, wie ihn die sagenhafte Überlieferung nennt. Einst sei eine ehrbare Jungfrau vor den Nachstellungen eines Reichenbergers zu diesem Turm geflüchtet und habe sich vor lauter Angst mit dem verzweifelten Schrei »Helf mir Gott!« in den Abgrund gestürzt - ohne sich auch nur ein Härchen zu krümmen. Den aufdringlichen Rittersmann soll dieses »Gotteswunder« dermaßen gerührt haben, daß er ins Büßerkleid schlüpfte ...

Im Jahre 1382 erwarb Herzog Leopold von Österreich die Burgen. Mit Rotund belehnte er die Brüder Kapsar und Sigmund von Schlandersberg, Ehemänner der Töchter des Heinrich von Reichenberg. Unter nachfolgenden Schlandersbergern gab es blutige Fehden um Rotund. Sie traten dem am 22. August 1406 ins Leben gerufenen »Elefantenbund« bei, um auf der Seite der Tiroler Landstände für eine Loslösung Tirols von den Habsburgern gegen Herzog Friedrich IV. zu fechten. Friedrich ließ Rotund knapp ein Jahr lang belagern und brach die Burg am 24. Februar 1418. Dagegen scheint sie im Mai 1499 den Einfall der Bündner Truppen im Engadiner Krieg heil überstanden zu haben. Zumindest konnte man am 4. Juni 1499 Kaiser Maximilian Gastfreundschaft gewähren. Die Ereignisse des Engadiner Krieges (verheerende Niederlage der Kaiserlichen, rund 5000 Gefallene Tiroler) dürften zu der Einsicht geführt

Wanderkarte
1:50 000 Freytag-Berndt-Wanderkarte, Blatt 2.

Kaiser Maximilian weilte 1499 auf der Burg, die den Einfall der Bündner Truppen im Engadiner Krieg offenbar überdauert hatte.

haben, auf Rotund der zentralen Hochburg eine Zwingeranlage vorzusetzen und den Eingang durch eine mächtige Bastei abzusichern. Dieses Rondell wirkt selbst heute noch eindrucksvoll mit seinen etwa zwei Meter starken Mauern, einer lichten Weite von 12 Metern und den vier Geschützpforten, hinter denen Falkonetten (Feldgeschütze mit dreipfündigen Kugeln) drohten.

Auf dem Weg zur Burgruine Rotund.

Der Bergfried erscheint auf Abbildungen des frühen 20. Jahrhunderts mit einem tief- und weitklaffenden Riß. Seit 1957 hält ihn ein Stahlband zusammen. Sein Eingang befindet sich über dem ehemaligen Burghof auf der Südseite in Höhe des ersten Stockwerkes. Ab dem 16. Jahrhundert führten zum Eingang steinerne Stufen (verfallen); vorher konnte er nur mit Hilfe einer Leiter oder ähnlicher, von oben einziehbarer Aufstiegshilfe erreicht werden. – Von den zum Teil fünfgeschossigen Wohngebäuden südwestlich und südöstlich des Turmes erzählen lediglich noch Mauerreste.

Der Weg nach Rotund bringt weiteres Sehenswertes. Geht man vom Gemeindeamt Taufers auf der Hauptstraße ein kurzes Stück talauswärts, führt gegenüber von Haus Nummer 87 halblinks ein schmales Fahrsträßchen zur Pfarrkirche St. Blasius (gotischer Turm, barockes Inneres, 1981 restauriert). In Höhe des Chores rechts halten. 10 Minuten später halblinks. Danach zweigt der Burgweg vor einer Rastbank links ab. Auf einem Pfad in Windungen durch den Hang hinauf zur Burgruine *Unterreichenberg* (1/2 Stunde von Taufers). Am talseitigen Hang steht noch ein ansehnlicher Mauerrest. Der Bergfried

Außerdem sehenswert ist die Pfarrkirche St. Blasius in Taufers.

Die Bastei von Rotund.

ist ein seltenes Beispiel eines sogenannten »Butterfaßturmes« im Alpenraum. Typisch sind geringere Durchmesser am Turmabschluß.

Am Bergfried rechts vorbei. Direkt über dem Pfad sehen wir auf steinernen Konsolen den Aborterker: im mittelalterlichen Sprachgebrauch »haymlich gemach« oder »Haymlichkeit« genannt.

Abwärts in die Mulde des ehemaligen Halsgrabens, dem ursprünglichen Zugang. Wir folgen der zum »Baustadel« weisenden Tafel durch den Hang über dem Tellebach. Der Baustadelhof bleibt links liegen. Man überschreitet den Tellebach und stößt auf einen Fahrweg. Mit ihm rechtshaltend im aussichtsreichen Hang bergan zum Schloßhof.

Der Aborterker ist erhalten geblieben. Im Mittelalter nannte man ihn das »haymlich Gemach«.

Den Halsgraben, welcher den Zugang zur Burg Rotund vermittelt, überspannte vermutlich eine Zugbrücke. Ein Pfad leitet in die Ruine. Vom Torbau ist nichts mehr übriggeblieben; hingegen die Rundbastei (rechts), der Bergfried sowie die Öffnung der Zisterne.

32
Sigmundskron – eine Krone für Südtirol

Unweit der Stelle, wo Eisack und Etsch zusammenfließen, südwestlich von Bozen, trutzt auf dem Rücken des Mitterberges in beherrschender Lage der gewaltigste südtirolische Burgenbau – Sigmundskron. Er überwachte u. a. die Furt zu Füßen des Berges.

Einst – nachdem der deutsche Kaiser Konrad II. die Grafschaft Bozen im Jahre 1027 dem Hochstift Trient überlassen hatte – hieß die Feste laut Urkunden »Furmian«, »Formicarium« bzw. »Formigar«; Namen, die zweifellos der rätischen Sprache entlehnt worden sind. Dementsprechend (später: Firmian) nannte sich das Ministerialengeschlecht auf der Burg. Sie bewachte zuerst den wichtigen Etschübergang, eine Furt, später eine Brücke, die erst 1882 abgerissen wurde.

Ungefähr bis in die Mitte des 15. Jahrhunderts existierten eine Hochburg um die heutige Kapellenruine sowie eine Niederburg auf der Geländeterrasse um den »Weißen Turm«. Ab der zweiten Hälfte des 13. Jahrhunderts war der Einfluß des Trientiner Bistums in der Nordregion zeitweise gänzlich geschwunden. Graf Meinhard II. von Tirol hatte nämlich das gesamte Fürstentum Trient okkupiert. Firmian verlor im Laufe der Zeit an Bedeutung. Das änderte sich aber schlagartig, als Herzog Sigmund als 46jähriger

Zufahrt
Von Bozen auf der Südtiroler Weinstraße über die Etsch. Bei den ersten Häusern von Frangart halblinks in Richtung Girlan. Dann heißt es aufpassen, denn das Sträßchen nach Sigmundskron zweigt unverhofft links ab (Hinweistafel). Im Schloßhof Parkplätze. Gaststätte am Montag geschlossen.

Die Kapellenruine der Hochburg von Sigmundskron.

Landesfürst von Tirol die Burg 1473 von den Firmianern erwarb. Bischof Johann Hinderbach erklärte sich gezwungenermaßen einverstanden mit dem Besitzerwechsel und mit dem Ausbau der Anlage gegen Beschuß durch Feuerwaffen.

»Der Münzreiche«, wie der Herzog seiner Silberbergwerke und des von ihm geprägten Silbertales (»Haller Unizialis«) im Beinamen hieß, entpuppte sich als ein überaus baufreudiger Landesherr. In ganz Tirol hörte man von neuen Lust- und Jagdschlössern. Sigmundskron sollte seinem diesbezüglichen Wirken die Krone aufsetzen. Moralisierende Chronisten werfen dem Herzog Verschwendungssucht gepaart mit ungezügelter Lebenslust vor. Er habe 60 Kinder gezeugt, heißt es. Legitime Nachkommen hatte Sigmund aber keine, so daß mit seinem Tode am 4. März 1496 eine tirolische Nebenlinie der Habsburger ausstarb.

Des Herzogs Wappen, gemeißelt in hellen Marmor, begrüßt uns am Torturm, durch den ein Fahrsträßchen in die untere Vorburg führt. Gleich links entragt der Mauer ein halbrunder Turm. In Höhe des Erkers hatte Sigmund Wohnräume für sich einrichten lassen; im Untergeschoß waren Geschützstände. Auch das Gebäude der Gaststätte, die seit 1977 von der Familie Dösel aus Bad Reichenhall vorbildlich geführt wird, geht auf die Umbauten des Herzogs zurück und war bewohnt. Gleiches gilt für den mehrgeschossigen »Weißen Turm«. Die einstige, dem Hl. Bischof Blasius geweihte Kapelle ist wie vom Erdboden verschwunden.

Die Ruine der Stephans-Kapelle erreicht man auf einem kurzen Spaziergang.

Überragt wird die untere Vorburg von der Ruine der Stephanskapelle. Um sie zu

Grundriß von Sigmundskron
A = untere Vorburg; B = halbrunder Turm; C = Gaststätte; D = »Weißer Turm«; E = einst Wohngebäude; F = Tor der Frontmauer (verschlossen) der oberen Vorburg; G = Durchschlupf; H = obere Vorburg; I = Wohngebäude der Hochburg; K = Kapelle; L = ältester Burghof; M = einst Wohngebäude; N = Pulvermagazin (?); R = Eckrondelle (siehe Detailskizze).

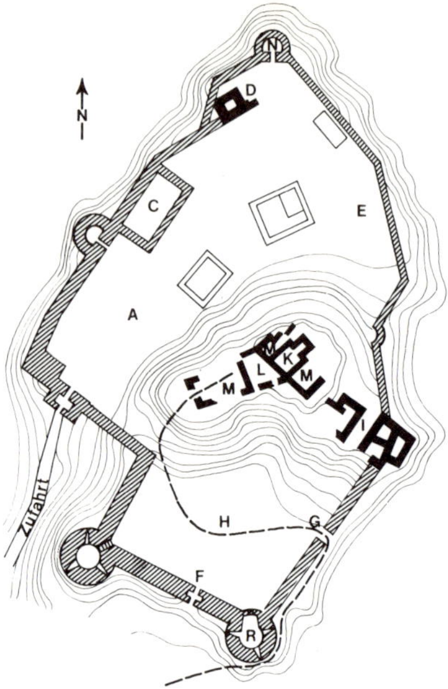

erreichen, wird folgender Spaziergang notwendig:

Die untere Vorburg durch den Torturm verlassen. Etwa 200 Meter danach bei einer Parkbucht halblinks auf einen schmalen Weg überwechseln und über Steinstufen ansteigen. Auf der Höhe links zur eindrucksvollen Bastion der südlichen bzw. oberen Vorburg. Links und rechts stehen zwei imposante Eckrondelle mit meterdicken (an der Basis 4,50 m) Mauern. Als Verbund der Rondelle dient eine 45,50 Meter lange, 5,10 Meter starke und neun Meter hohe Frontmauer, aus der sich die hellen, schlüssellochähnlichen Schießscharten – teilweise mit viereckigen Schießfenstern darüber – abheben.

Das Tor ist verschlossen. Wir müssen

um den rechten Turm herum (stellenweise felsig) und an der 2,20 Meter starken Südostmauer entlang, bis links ein enger Durchschlupf den Eintritt in den Burghof erlaubt. Die Rondelle können ebenerdig betreten werden. Von der steinernen Wendeltreppe, die auf den Turm und zur Frontmauer führte, sind noch Ansätze erhalten.

Auf einem Pfad zur Westmauer. Schwindelfreie und Trittsichere gelangen über die Mauerkrone zum Rondell. Vorsicht: Keine Versicherungen! Unten, sowie im ersten und zweiten Stock konnten Geschütze postiert werden. Zuoberst, wo sich die Mauern um 1,65 Meter verjüngen, befinden sich Schießkammern mit Schießscharten, und überdies zwei Pulverkammern. Einer Inventarliste entsprechend, lagerten im Jahre 1569 in Sigmundskron insgesamt 21 Zentner Pulver und zwei Fässer voll Schwefel.

Über einen felsigen Steig gelangt man zum höchsten Punkt des Burgberges. Luginsland! An den Mauern der Kapelle rankt Efeu. Der Chorturm – übrigens eine Rarität bei Burgkapellen – mit seinen rundbogigen Schallfenstern mußte ausgebessert werden wie man sieht, sonst wäre der Stumpf längst wie ein fauler Zahn in sich zusammengebrochen. Das Untergeschoß erfüllte wahrscheinlich einen kryptaähnlichen Zweck, während im Obergeschoß mit seiner romanischen Apsis (Freskoreste) die Gottesdienste stattfanden. Das geschah vor allem, wenn der Bischof von Trient auf der Burg weilte. Aus mittelalterlichen Quellen wissen wir von einer »camera episcopi«, die im alten Palas zu suchen sein müßte, also in den

Wanderkarte
1:50 000 Freytag-Berndt-Wanderkarte, Blatt 1.

Im Obergeschoß der Burgkapelle fanden die Gottesdienste statt – vor allem in Anwesenheit des Trienter Bischofs.

Wohngebäuden, welche sich an die Kapelle hangabwärts anschließen und als »palacium castri de Formicarium« Erwähnung finden.

Der »Weiße Turm« der unteren Burg von Sigmundskron.

Im frühen 19. Jahrhundert bildete die Hochburg noch einen nahezu geschlossenen Komplex. Heute stolpern wir auf Steigspuren durch Mauerwerk, das kaum noch eine Differenzierung der baulichen Gegebenheiten zuläßt. Im untersten Gemäuer, einst zweigeschossig mit dreilichtigen, von zierlichen Säulen gebildeten Fenstern, sieht Weingartner die Wohnräume der Bischöfe, wenn sie sich auf Sigmundskron aufhielten.

Einen Brunnen oder eine Zisterne sucht man allerdings vergebens. Das notwendige Wasser mußte recht mühsam mittels einer Schöpfvorrichtung aus der Etsch heraufgezogen werden.

In den politisch unruhigen fünfziger und sechziger Jahren unseres Jahrhunderts konnte Sigmundskron bisher zum letzten Mal geschichtliche Wesenhaftigkeit gewinnen: 1957 demonstrierten 35 000 patriotische Südtiroler für die Autonomie ihres Landes. In der Hochburg sollen sich fanatische Verschwörer oft zu nächtlicher Stunde geheim getroffen haben. Bei diesen gespenstischen Zusammenkünften mag so mancher glühende Schwur gegen die Welschen zum Himmel gestiegen sein.

Drunten in Frangart war Sepp Kerschbaumer (1913–1964) zu Hause, einer der unnachgiebigsten Vorkämpfer für eine Südtiroler Selbstbestimmung getreu dem Lied der Heimat: »… von Sigmundskron der Etsch entlang bis zur Salurner Klaus …«

Sepp Kerschbaumer (1913–1964) war einer der Vorkämpfer für eine Südtiroler Selbstbestimmung.

33
Boymont – Burgenpalast des Überetsch

Ein wahrer Burgenpalast muß Boymont gewesen sein! Heute eine für Südtirol einzigartige Burgruine auf einem Grundriß von 45 mal 41 Metern, die sich nach umfangreichen und aufwendigen Restaurierungsarbeiten im einheitlichen Zustand des späten Mittelalters zeigt.

Anfahrt
Den Eppaner Ortsteil St. Pauls nordwestlich in Richtung Missian verlassen. In der Senke halblinks und hinauf zum Parkplatz vor Schloß Korb.
Der wuchtige Turm von Schloß Korb geht in die Zeit zurück, in der auch Boymont entstand. Der Turm ist ein prägnantes Beispiel für die »Festen Häuser« der spätromanischen Epoche. Korb genießt als Hotel-Restaurant einen vorzüglichen Ruf.

Blick auf Schloß Korb und Ruine Boymont (im Hintergrund).

Fritz Dellago, schwergewichtiger Altbürgermeister (1952–1977) von Eppan, der Boymont 1977 aus gräflicher Hand (Georg Graf Enzenberg, u.a. Besitzer von Hocheppan, Kreidenturm, Neuhaus, Leuchtenburg) erworben hatte, plaudert mit mir im Burghof über die Vergangenheit der ansehnlichen Ruine, nennt ausgestorbene Geschlechter und kommt ganz selbstverständlich auf die umfangreichen Restaurierungsarbeiten sowie auf die damit verbundenen persönlichen Opfer zu sprechen. Die Anlage war völlig heruntergekommen, erzählt er. Im verwilderten Inneren mußten 25 Festmeter Holz geschlagen werden, um Platz zu schaffen. Erste Aufgabe war es gewesen, das lose Gemäuer zu sichern. Dem folgten gründliche Instandsetzungen an Mauern, Torbögen und Fenstern, was vielfach mühsame Kleinarbeit erforderte. Für die im Palas abhanden gekommenen, schlanken romanischen Sandsteinsäulen der Fenster fertigten erfahrene Steinmetzen originalgetreue Kopien an. Jeder ersichtliche

Zugang
Von Schloß Korb einige Minuten auf dem Panoramasträßchen, bis zu Hinweis-Täfelchen. Auf asphaltiertem Fahrweg anhaltend bergauf zur Ruine Boymont. Etwa 40 Minuten.
Von Boymont ist ein Übergang nach Hocheppan möglich: Über den Aufstiegsweg kurz abwärts, worauf links Weg Nummer 9a abzweigt. Er verläuft im schattigen Hangwald, kreuzt eine tiefe Schlucht (Drahtseilsicherungen. Steiganlage; Trittsicherheit erforderlich!) und gewinnt im Gegenanstieg Hocheppan. Von Boymont ¾ Stunden.

Schaden erfuhr eine Ausbesserung mit größter Sorgfalt.

Selbst burgenkundliche Laien stellen bald fest, daß Boymont weniger als Wehrburg – wie das benachbarte Hocheppan –, sondern vordergründig als pfalzartige, palastähnliche Wohnburg entworfen worden ist. Trotzdem weisen die Außenmauern teilweise eine Stärke von 2½ Metern auf und sind bis zu 20 Meter hoch.

Am Rundbogen des Eingangs fallen die erneuerten Sandsteine an der rechten Seite auf. Nach dem Eintreten befindet sich links der zweigeschossige Palas. Im Untergeschoß sind als Lichtspender kleine Scharten angebracht. Mahlknecht sucht hier den Weinkeller. Vom Boden des Hauptgeschosses, den eine Sandsteinsäule stützte, sind noch angekohlte Balkenreste erhalten. Durch acht Fenster ergoß sich das Licht in den repräsentativen Rittersaal. Im Stockwerk oberhalb war das herrschaftliche Wohngemach mit fünf verzierten Fenstern. An den Palas ist rückwärts ein weiteres, durch eine Trennmauer geteiltes Wohngebäude angebaut. An der Nordmauer und an der Südwestecke

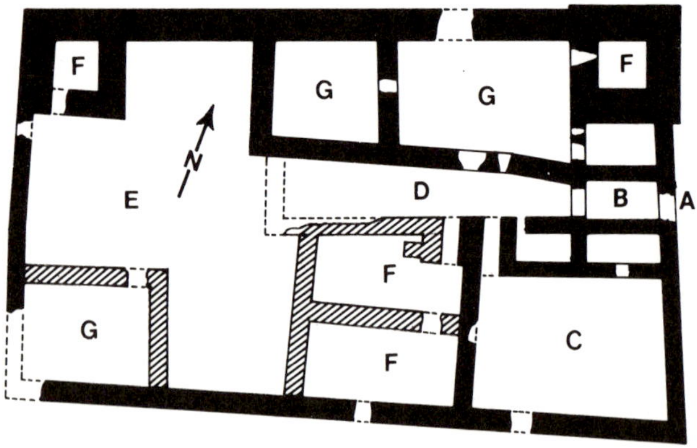

hausten wahrscheinlich das Wirtschaftspersonal und die Burgknechte, worauf die einfachen Rundbogenfenster schließen lassen.

Den Wohncharakter der Burg beeinträchtigen die beiden Türme nicht. Zwar waren sie ursprünglich als Verteidigungswerke gedacht; es dürfte aber nicht lange gedauert haben, bis die oberen Geschosse wohnbar gemacht wurden. In der nordöstlichen Ecke erhebt sich der eigentliche Bergfried, 23 Meter hoch, versehen mit einer Aussichtsplattform, von der an klaren Tagen 14 Burgen und Schlösser des

Im Innern der Ruine Boymont.

Grundriß von Boymont
A = Eingang;
B = Kapelle (über dem Eingang);
C = Palas;
D = Durchgang zum Innenhof;
E = Innenhof;
F = Wohngebäude;
G = Wirtschafts- bzw. Gesindewohnbauten; T = Ecktürme.

Öffnungszeiten
Von Mai bis Ende Oktober zwischen 8.00 und 17.00 Uhr.

Wanderkarte
1:50 000 Freytag-Berndt-Wanderkarte, Blatt 1.

Überetsch und der Bozener Umgebung auszumachen sind. Überdies eine Menge von Ansitzen und Kirchen - herausragend in seiner Größe der sogenannte »Dom auf dem Lande«, die Pfarrkirche von St. Pauls.

Auf dem Holztisch im Buschenschank von Boymont blitzt der »Rote« im Glas. Vergangenheit lebt auf - Ritterromantik und Minnesang, Festlichkeiten im flakkernden Licht der Fackeln, funkelnde Harnische. Zwei Jahrhunderte pulsierte mittelalterliches Treiben auf der Burg, vorausgesetzt die angenommene Erbauungszeit um das Jahr 1230 stimmt. Der erste bekannte Boymonter, ein Herr namens Heinrich, trat aus dem Nichts seiner Herkunft ins Licht der Geschichte als angesehener Eppaner Ministeriale. Sein Geschlecht verästelte sich und entwickelte einen Payrsberger Seitenzweig. Er währte bis 1851. Die Hauptlinie erlosch männlicherseits im Jahre 1412.

Da erscheint eine zwielichtige Figur auf Boymont: Ulrich Kässler (oder Kassler), ein profitgieriger Schwabe mit besten Beziehungen zum Tiroler Landesfürsten Herzog Friedrich IV. Günstlingswirtschaft verhalf ihm zur Hand der Tochter des letzten Boymonters, Barbara. Unfriede zog ein. Kässler machte sich wiederholt der Urkundenfälschung schuldig. Obwohl darauf die Todesstrafe stand, blieb er jedesmal durch Vermittlungen des Herzogs ungeschoren. Mit den Payrsbergern (bei Nals) kam es zu Erbstreitigkeiten, mit den Herren von Annenberg zu Händeln. Kässler zog sich von allen Seiten Haß zu. Den Annenbergern wurde es schließlich zu dumm. Sie steckten Boymont 1425 in Brand.

Die Annenberger
steckten Boymont 1425 in Brand.

34
Hocheppan – eine klassische Burgruine

Um das »wohl schönste Beispiel einer hochmittelalterlichen Wehr- und Wohnburg Südtirols in seiner ursprünglichen Eigenart« (Bruno Mahlknecht) überschauen zu können muß man von der Ruine noch ein Stück bergan (Weg Nr. 9) wandern. Von hier sieht man sie aus der Vogelperspektive.

Im Mittelpunkt der Gesamtanlage erhebt sich der 30 Meter hohe Bergfried. Er ist wie üblich ältester Bauteil und – als einziges Beispiel für ganz Südtirol – fünfseitig im Grundriß; seinerzeit ausgestattet mit einem kleinen Stübchen für den Türmer und gegürtet mit einem Wehrgang unter dem Dach.

Graf Ulrich II. von Eppan ließ die Burg zwischen 1125 und 1130 anlegen. Vorher saß er in der Altenburg (beim Schloß Warth) zu St. Pauls. Sein Geschlecht, als »von Eppan« im Jahre 1116 erstmals urkundlich erwähnt, Nachfolger der bajuwarischen Gaugrafen von Bozen und blutsverwandt mit den deutschen Welfen, hatte den größten Teil des nördlichen Fürstbistums Trient bis hin nach Meran als vogteiliches Lehen inne. Die Eppaner standen in der ersten Hälfte des 12. Jahrhunderts auf dem Zenit ihrer Macht und wollten sich natürlich gegenüber ihren ärgsten Konkurrenten, den ghibellinischen Grafen von Tirol, die ihre Geltung ebenfalls in Form einer stattlichen

Anfahrt
Vom Eppaner Ortsteil St. Pauls auf einer Straße zum Parkplatz vor Schloß Korb.

Zugang
Vom Parkplatz auf asphaltiertem Hocheppaner Weg. Halblinks oben Boymont. Wir laufen in Richtung des Kreidenturmes aus dem 12. Jahrhundert. Dort wurden »Kreidfeuer« – Alarmfeuer aus zwei im Abstand von 16 Metern hochlodernden Flammen – entzündet, als Signal drohender Gefahr. Kreidfeuerstellen sind u. a. bei mehr als 50 Südtiroler Burgen (in Sichtweite von Hocheppan u. a. in Sigmundskron, Neuhaus, Haselburg, Greifenstein, Castelfeder, Haderburg) nachgewiesen. Beim Oberen Unterhauserhof wird das Fahrsträßchen links verlassen. Im Laubwald steil bergan zur Burgruine Hocheppan. Sie befindet sich seit 1912 im Besitz der Grafen Enzenberg in Terlan (Ansitz Liebeneich).

Hocheppan; Bergfried mit hochgelegenem Eingang.

Burg manifestierten, eindrucksvoll profilieren. Dafür erschien eine Feste wie Hocheppan gerade recht.

Dem spitzgestellten Bergfried schließt sich rechts ein dreigeschossiger Palas an: die um 1200 erfolgte Saal-Erweiterung des alten Wohnbaues. Rechts – immer im Sinne des Draufblickes – lugt hinter der teilweise abgebrochenen Westmauer das Glockentürmchen der Burgkapelle hervor.

Mit der Palaserweiterung dürften der Torzwinger sowie die verhältnismäßig weiträumige Vorburg entstanden sein. Die außen angefügten viereckigen Batterietürme stammen aus der Zeit zwischen 1494 und 1519, als Jakob Fuchs von Fuchsberg als Lehensherr in Hocheppan wohnte. Bei dem nördlich des Grabens einzeln stehenden Halbrondell, ebenfalls unter den Fuchs gebaut, handelt es sich um ein burgenspezifisches Unikum für Südtirol, nämlich um eine sogenannte »Barbakane«. Das Wort, geprägt von den Kreuzfahrern, kommt aus dem Arabisch-Persischen und bezeichnet ein dem Burgtor vorgelagertes, mit Schießscharten und Wehrgängen versehenes Außenwerk, eine Art »Brückenkopf«, welcher die Angriffe auf das Tor abzufangen hatte.

Um ins Detail zu gehen, schlendern wir über den Graben, einst mit einer Zugbrücke versehen, von welcher noch der gemauerte quadratische Mittelpfeiler steht, gelangen durch einen schmalen Zwinger in die Vorburg und von dort durch den Torzwinger in den Burghof. Jetzt zeigt sich am Bergfried sein ursprünglicher, ziemlich hoch gelegener Eingang, der nur mittels einer herablaßbaren Leiter erreichbar war. Ganz oben

Öffnungszeiten
Von Mai bis Oktober von 8.00 bis 17.00 Uhr.

Grundriß von Hocheppan
A = Aufgang (ursprünglich Zugbrücke);
B = Barakane;
BT = Batterietürme;
C = Graben;
D=äußerer Zwinger:
E = Vorburg;
F = Torzwinger;
G = Bergfried;
H = Burghof;
I = Nebentrakt (Jausenstation);
K = Kapelle;
L = Palas;
M = Erweiterungsbau des Palas.

sehen wir den halb zugemauerten einstigen Zugang zum Wehrgang. Aus dem schmalen Schlitz darunter lugte der Türmer ins Land. Die beiden untersten Geschosse des Bergfrieds bestanden durch und durch aus Mauerwerk; auch das ist einmalig für Südtiroler Burgen.

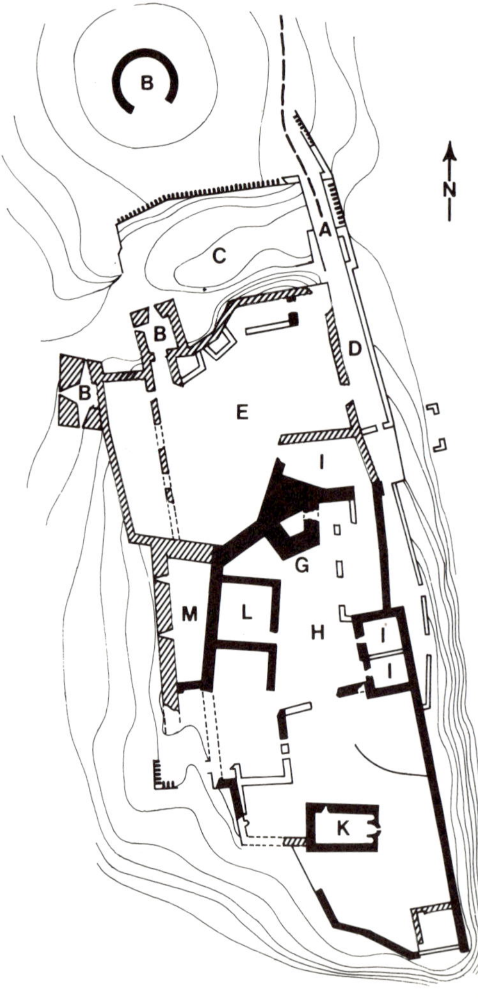

Im Burghof sammelte und filterte eine Zisterne das Regenwasser. Sie war neun Meter tief, und auf eine Breite von drei Metern aus dem harten Porphyrfels gemeißelt worden; Fassungsvermögen: 6500 Liter. Der turmartige, gotische Nebentrakt, in dessen Obergeschoß einst die Burgmannen wohnten, während sich unten Stallungen befanden, dient heute als einfache Gaststätte.

Wanderkarte 1:50 000 Freytag-Berndt-Wanderkarte, Blatt 1.

Verschieben wir die »Jaus'n« noch etwas und sehen uns die Burgkapelle an! Ihre Weihe durch den Trietiner Bischof Altmann im Jahre 1131 gilt als verbürgt. Die um 1200 gemalten Fresken zählen zu den romanischen Kostbarkeiten des Landes. Im Innern sind ausschließlich religiöse Motive dargestellt. Bei dem fast die gesamte Außenwand einnehmenden Fresko handelt es sich indes um ein profanes Bild. Kunsthistoriker legen es unterschiedlich aus. Die einen sehen darin Dietrich von Bern als Schimmelreiter mit einer Hundemeute auf der Hirschjagd; andere interpretieren die Malerei als Höllenfahrt des Ostgotenkönigs Theodorich d. Gr. (Dietrich von Bern in der Sage), der ja als Arianer nicht dem Christentum angehörte; und wieder andere sprechen von einer allgemeinen Jagdszene, wie sie als Abbildung im Mittelalter häufig vorkommt.

Der Niedergang der Eppaner ging auf die Söhne Ulrich II. († um 1145) zurück. Sie überfielen eine zum Deutschen Reichstag reisende päpstliche Gesandtschaft und wurden daraufhin von einer Strafexpedition unter Heinrich dem Löwen besiegt.

Die geschützte und wehrhafte Lage ihrer Burg scheint die Söhne – Friedrich II. und Heinrich II. – des um 1145 verstorbenen Ulrich II. ganz offensichtlich übermütig und aggressiv gestimmt zu haben. Wie anders wäre es zu erklären, warum sie mit Gott und der Welt ständig in blutigen Fehden lagen – vor allem mit dem Bistum

Die Grafen von Tirol stiegen nach dem Niedergang der Eppaner zur Führungsmacht in Tirol auf.

Trient und mit den Grafen von Tirol –, unter den das Etschland und seine Bevölkerung furchtbar zu leiden hatte. Die Eppaner erdreisteten sich zu allem Überfluß, eine im Schutze Kaiser Barbarossas zum deutschen Reichstag reisende päpstliche Gesandtschaft von der Haderburg aus zu überfallen, sie auszurauben und zwei römische Kardinäle in der Burg Enn gefangen zu setzen, während dem gehaßten Trentiner Fürstbischof Albert II. die Flucht glückte.

Friedrich Barbarossa schickte den bayerischen Herzog Heinrich den Löwen mit einer Strafexpedition 1158 in den Süden. Danach mußten die Frevler ihren gesamten Lehensbesitz an den Bischof von Trient abtreten.

Der Niedergang der Eppaner schuf für die Grafen von Tirol die heiß herbeigesehnten Voraussetzungen, ihren Machtbereich zu erweitern und zum stärksten Adelsgeschlecht in Tirol aufzusteigen. Graf Meinhard II. besetzte schließlich das gesamte Fürstentum Trient. Bischof Egno, ein Enkel des Eppaners Heinrich II., der mit seinem Bruder den folgenschweren Überfall bei Salurn inszeniert hatte, mußte mehr oder weniger tatenlos zusehen, wie Meinhard II. eine Burg nach der anderen kassierte.

Im Jahr 1300 erlosch das Geschlecht der Eppaner für immer.

Ebensowenig konnten die Brüder des Bischofs, Concius und Gottschalk, erloschenen Eppaner Glanz aufpolieren. Sie hatten als Domherren zu Trient keinerlei Einfluß auf das Geschehen. Mit dem Ableben von Gottschalk im Jahre 1300 erlosch das Geschlecht der Eppaner vollständig. Es gab keine Nachkommen aus diesem Geschlecht.

35

Ringberg – Weinbau- und Burgenmuseum

Inmitten der sonnenverwöhnten Kalterer-See-Rebfluren steht das ehemals landesfürstliche Jagdschloß Ringberg. Von der Südtiroler Weinstraße geht der Blick über Weinlauben auf helle Mauern, aus denen das Rot-Weiß-Rot der Fensterläden sticht.

Ringberg ist nur einer unter vielen herrschaftlichen Ansitzen des Überetscher Adelsparadieses. An der Südtiroler Weinstraße hat man mehr als 150 Wallburgen, Burgen, Schlösser, Burgruinen, Türme und Adelsansitze registriert – burgenreichstes Gebiet Europas. In seiner heutigen Form müßte Ringberg um 1600 entstanden sein.

Der Kalterer See war seines Fischreichtums wegen geschätzt. In den sumpfigen Auen um den See und in den Eichen- und Erlenwäldern, die einst die Umgebung bedeckten, wurde dem Wild nachgespürt. Erst nach und nach rodete man Weinbergböden.

Der Tirol-Topograph und Chronist Staffler schrieb: »Schon in früher Zeit verliehen die tirolischen Landesfürsten in der Gegend am Kalterer See, die sich der Rebe besonders hold erweist, öde Grundstücke an Beamte und andere Begünstigte, welche dieselben dann beurbarten. Manche bauten sich Ansitze zwischen dem jungen Rebgelände.«

Anfahrt
Von Kaltern auf der Südtiroler Weinstraße etwa 2 km in Richtung Tramin. Parkplätze unmittelbar vor Schloß Ringberg beiderseits der Straße. Von dort zum nahen Eingang.

Schloß Ringberg.

Von Ringberg interessiert in der Hauptsache die gegenwärtige Aufgabe als Südtiroler Weinmuseum und - um der Thematik treu zu bleiben - das Burgenmuseum mit maßstabgetreuen Modellen aller Südtiroler Burgen. Letzteres rechtfertigt schon allein die Aufnahme der im Grunde genommen geschichtslosen Anlage.

Besonders sehenswert ist das Burgenmuseum mit seinen Modellen aller Südtiroler Burgen.

Selbstverständlich wollen wir auch den Wein, das erquickende Element Südtirols, fest verwurzelt im Wesen des Landes,

Öffnungszeiten
Vom 2. Mai bis 30. September täglich von 14.00 bis 18.00 Uhr, im Oktober von 14.00 bis 17.00 Uhr; an Sonn- und Feiertagen geschlossen.

nicht ausklammern. Im Bereich der Weinstraße beträgt die Jahresproduktion auf einer Anbaufläche von 3140 Hektar mehr als 31 Millionen Liter. Das sind 57,1 Prozent der Südtiroler Anbaufläche bzw. 65 Prozent der gesamten Südtiroler Weinproduktion.

Am Eingang in den Rebgarten erfahren wir, daß Schloß Ringberg das größte geschlossene Weingut Südtirols ist. »Die hier geernteten Weine können in der Weinkellerei Walch in Tramin bei den

Größtes Weingut
Südtirols ist das von Rebland umgebene Schloß.

Im Weinmuseum von Schloß Ringberg.

täglich von Montag bis Freitag um 15 Uhr stattfindenden Kellerführungen verkostet und gekauft werden« – Werbung in eigener Sache, denn die Familie Walch ist seit 1928 im Besitz von Ringberg. Sie hat aus vernachlässigtem Grund und Boden und einem ungepflegten Ansitz ein mustergültiges Anwesen hervorgezaubert.

Aufgang unter einem Dach von Reben. Täfelchen erklären die verschiedenen Traubenarten; rechts eine originale Baumkelter. Neben der Museumstür wacht der Hl. Korbinian als Schnitzarbeit des Grödner Bildhauers Piazza.

Führungen durch Schloß Ringberg erübrigen sich, weil die Sammlungen ausreichend beschriftet sind. Zunächst geben wir uns dem Weinmuseum hin. Rund 2000 Gegenstände sind aus allen

Landesteilen zusammengetragen worden. Darunter entdeckt man die Urform des in Franken gebräuchlichen Bocksbeutels – eine Schweinsblase, raetisch-römische Becher, mittelalterliche Trinkgefäße, handwerkliche Geräte, vergilbte Dokumente. Im Hintergrund der kühlen Gewölbe sind meterhohe Keltern aufgebaut, als Prachtstück eine »Torggl« (Baumkelter) aus der Zeit um 1400. Im September 1980 jährte sich das Gründungsjubiläum zum 25. Mal. Bei dieser Gelegenheit erfuhr der Kustos Luis Oberrauch die ihm zustehende Ehrung. Ohne seine Ideen und Initiativen wäre das Südtiroler Weinmuseum undenkbar.

Auf einer großen Übersichtskarte blinken Lämpchen der gesuchten Weinorte. Und davon gibt es in Südtirol nicht wenige. Neben den Treppen ins Obergeschoß erinnert eine rekonstruierte römisch-raetische Weinkelter an die Anwesenheit des Imperiums: In der Nähe des Kalterer Sees konnten Ende der siebziger Jahre die Grundmauern einer römischen Villa lokalisiert werden.

Das Burgenmuseum bildet – im Anschluß an das Weinmuseum – praktisch eine Erweiterung des Wissens von Südtiroler Geschichte und Leben. Die Nachbildungen der Burgen und Schlösser sind ausnahmslos gelungen. Bestimmt ist Ihnen die eine oder andere Anlage schon vertraut. Die übrigen sollen Wünsche wecken und zu neuen Entdeckungen anregen. Und was letztendlich den Wein betrifft, sei Goethe zitiert: »Ich habe getrunken, nun trink' ich erst gern! Der Wein, der erhöht uns, der macht uns zum Herrn.«

Anmerkung
Die auf einem bewaldeten Bergkegel über dem Kalterer See hochragende Leuchtenburg wurde 1980/81 grundlegend restauriert, kann aber innen nicht besichtigt werden.
Am Sträßchen, das vom Kalterer See über den Mitterberg ins Etschtal führt, erheben sich die Ruinen der Laimburg; frei zugänglich.

Wanderkarte
1:50000 Freytag-Berndt-Wanderkarte, Blatt 7.

36

Castelfeder – der geheimnisvolle Burgberg

Im Bozener Unterland gleich hinter Auer baut sich eine eigentümliche Porphyrerhebung auf: zum Teil über Terrassen ansteigend, flach gewölbt, von Eiszeitgletschern geschliffen, birgt sie im Schatten von Steineichen und unter Dornenhecken uraltes Mauerwerk.

Anfahrt
Von Auer (19 km südlich von Bozen) im Etschtal auf der Staatsstraße 48 in Richtung Cavalese. Nach etwa 2 km rechts einige Parkbuchten (an der nächsten Straßenschleife ebenfalls).

Klägliche Ruinenstümpfe recken sich in den heißen Etschtalhimmel, unter dem Smaragdeidechsen in die Sonne blinzeln. Am südlichen Rand der Hochfläche stehen die drei Rundbögen der sogenannten »Kuchelen«, Reste einer vielleicht römischen Wehrmauer. Nördlich der »Kuchelen« gibt eine im Gestein blankgewetzte Rutschbahn (mit eingemeißeltem kleinen Kreuz) Rätsel auf. Südwestlich der Barbarakapelle stößt man am höchsten Punkt der Felsen auf einen vorchristlichen Schalenstein, nordwestlich der Kapelle auf die »Badewanne«, eine von Menschenhand geschaffene Wanne im Porphyrgestein.

Zu Füßen des Berges, der als erhaltenswertes Biotop in den Naturschutz aufgenommen wurde, brachte die aus Jütland vorgedrungene germanische Völkerschaft der Cimbern den Römern eine schwere Niederlage im Gebiet um das römische »Noreja« (Neumarkt) bei.

In antiken Schriften ist die Rede von einem »castell foederis«. Darin sehen einzelne Forscher die Entstehung des

Namens Castelfeder. Auf der Kuppe sei durch Langobarden unter Herzog Chedinus um 580 eine Wehranlage entstanden. Im unmittelbaren Umkreis ist die Burg Alt-Enn zu suchen, als »castellum vetus de Egna« im Jahre 1203 erwähnt, 1280 bereits verfallen.

Eigentlich bestünde kein Grund, mehr oder weniger große Trümmerhaufen in dieses Buch aufzunehmen. Trotzdem habe ich mich überzeugt dazu entschlossen. Denn: »Wie immer aber die Dinge liegen mögen, gehört ein Besuch von Castelfeder auch für einen archäologisch nicht weiter interessierten Wanderer zum Schönsten und Anregendsten, was ihm die Südtiroler Landschaft zu bieten hat«, ermuntert der 1957 verstorbene Probst Josef Weingartner in seinem leider vergriffenen Buch »Bozener Burgen«.

Die letzten Geheimnisse von Castelfeder sind noch nicht gelüftet. Nach jüngsten Erkenntnissen war die Kuppe seit der frühen Bronzezeit (ca. 1600 v. Chr.) besiedelt. In Vill befand sich die römische Straßenstation (mansio) »Endidae«. Die damalige Straße (Via Claudia) verlief durch den Sattel östlich von Castelfeder.

Brechen wir auf zum Spaziergang durch 2000 Jahre Geschichte! Der beschriebene Zugang leitet zur Stelle eines verhältnismäßig hohen Mauerstückes, das man als Teil des römischen Beringes ansieht. Rechts etwas oberhalb verbergen sich im Gestrüpp die Reste eines Turmes (der Burg Alt-Enn?). Außerdem ist dort auch der niedere Steinwall zu verfolgen, der sich um die gesamte Kuppe zog, streckenweise verschwunden ist und dem Frühmittelalter zugerechnet wird.

Zugang

Auf dem Weideweg Castelfeder (Tafel) abwärts, dann rechts auf einen breiten, steinigen Weg (ehemaliger Damm der Fleimstalbahn) einschwenken. Wenig später rechts eine Biotop-Tafel. Hier rechts und einem stellenweise felsigen Pfad folgen, der sich halblinks hochschlängelt. Über eine Kuppe – halblinks sieht man schon die Kapellenruine – in den Sattel vor dem höchsten Aufbau von Castelfeder. Rechts, worauf sich der Weg links wendet und zu den Mauerresten eines Toreinganges führt.

Die Kapellenruine von Castelfeder, von Süden aus gesehen.

Der Langobardenturm besitzt Mauerwerk im Fischgratverband. Der Turmstumpf ist demnach rund 1000 Jahre alt.

Wir halten uns rechts und kommen zu einem viereckigen Turmstumpf (»Langobardenturm«). Hier macht das geschulte Auge eine bemerkenswerte Entdeckung: Mauerwerk im Fischgratverband, bei dem die Steinlagen mit Mörtelfugen dementsprechend gelegt sind, ährenförmig und

Wanderkarte
1:50 000 Freytag-Berndt-Wanderkarte, Blatt 7.

deshalb von den Römern »opus spicatum« (spica, die Ähre) genannt. Es muß sich bei diesem Beispiel nicht unbedingt um ein spätrömisches handeln, denn das Fischgratmuster findet sich auch gelegentlich im frühen Mittelalter. Aber knapp 1000 Jahre ist dieses Fundament sicherlich alt!

Mauern im Fischgratverband waren schon bei den Römern gebräuchlich. Diese Bauweise hielt sich bis ins frühe Mittelalter.

Grundrißplan von Castelfeder
A = Toreingang;
B = Turmreste;
C = Steinwall;
D = Fundament mit Fischgratmuster;
E = Kapellenruine;
F = Lage von römischen bzw. frühmittelalterlichen Häusern.

Auf der höchsten Stelle der Kuppe steht noch eine Seitenwand der romanischen Barbarakapelle. Reclams Kunstführer sieht in ihr die Burgkapelle von Alt-Enn, was aber nicht mit letzter Gewißheit feststeht. Von der Kapelle überschauen wir Castelfeder mit einem einzigen Blick. Mir kommt dieses Bild jedesmal wie die Urwelt vor, abgestorben in unbehaglichem Schweigen, seine tiefsten Geheimnisse niemals freigebend.

37
Kaldiff – im Bozener Unterland

Kaldiff bietet sich für einen Kaffeeausflug geradezu an. Herrlich ist von dort der Ausblick auf das Bozener Unterland – das Etschtal zwischen Sigmundskron und Salurner Klause – und über das Tal hinweg zu den Dörfern an der Südtiroler Weinstraße.

Die Anfahrt zum aussichtsreich auf dem weingesegneten Mazoner Plateau auf der Ostseite des Etschtales gelegenen Restaurant Kollerhof ist unproblematisch, und der Weg von dort zur Burgruine Kaldiff stellt nicht mehr als einen »Katzensprung« dar. Im Vorhof, den einst eine Mauer umschloß, stellt sich uns die 1981 restaurierte Umfassungsmauer der eigentlichen Burg entgegen. An der rechten Seite befand sich der mittelalterliche Eingang in Form eines Torbaues.

Wir gehen an der Frontmauer links vorbei und danach rechts in den Burghof. Hier bieten sich die ersten aufschlußreichen Details: quadratisch ausgesparte, etwa 10 Zentimeter breite Löcher an der Innenseite der Frontmauer. Sie sollen als Taubennester gedient haben! Trifft diese Annahme zu, wären sie in Südtirol ohne Beispiel, denn solcherart zweckgebundene Löcher kommen sonst nur auf Burgen am Mittelrhein vor. Oberhalb dieser Löcher entragen Kragsteine der Wand. Darüber verlief ein Wehrgang. Links (in der Drauf-

Anfahrt:
Von Bozen auf der Staatsstraße südlich (oder auf der Autobahn zur Ausfahrt Neumarkt/Auer) bis Neumarkt; 24 km. In der Ortsmitte bei der Ampelkreuzung in die »Straße 11. Februar« einbiegen. Etwa 800 Meter in Richtung Montan, dann rechts im spitzen Winkel das kurvenreiche Bergsträßchen nach Mazon. Dort gleich links und durch Weingärten zum »Kollerhof«.

Zugang
Vom Restaurant Kollerhof (Kaldiff ist bereits sichtbar) auf breitem Weg abwärts durch Reben. Am Ende der betonierten Hangmauer links. Der Weg senkt sich. Vor einem Waldstreifen rechts und wenig später durch Strauchwerk zum einstigen Vorhof von Kaldiff.

Wanderkarte
1:50 000 Freytag-Berndt-Wanderkarte, Blatt 7.

Kaldiff; Blick in den ebenerdigen Kapellenraum und in den Rittersaal (Fresken) im zweiten Obergeschoß.

sicht) schließt sich die Torhalle an. Man betrat sie von der Talseite her. Die große, hangseitige Fensteröffnung im ersten Obergeschoß ist mit einem Landschaftsmotiv ausgemalt; bei der abgebildeten Burg könnte es sich um Kaldiff handeln. Vor dem Fenster wird ein Erker angenommen.

Auf der gegenüberliegenden Seite dieses Fensters der Torhalle markieren verfallene Steinstufen den Zugang (Türeinfassung bemalt) zum großen, durch Fresken reich verzierten Rittersaal von Kaldiff im zweiten Obergeschoß. Er entstand anläßlich der Um- und Neubauten im frühen 16. Jahrhundert. An den Fenstern befinden sich Seitenbänke. Übrigens hat Friedrich IV. (»mit der leeren Tasche«), Landesfürst von Tirol, die Burg im Jahre 1410 im Rahmen seiner Vergeltungsschläge (siehe auch Greifenstein und Rotund) belagert und schließlich unter Feuerwaffenbeschuß erobert.

Unter den verfallenen Steinstufen stellt ein Durchgang in der 3½ Meter starken Mauer die Verbindung zum kleinen Innenhof dar. Auf der rechten Seite lag die Burgkapelle mit zwei Spitzbogenfenstern; links erhebt sich das dreigeschossige Palasgebäude, unterteilt durch zwei Zwischenmauern. Im westlichen Teil des Palas sind in den ebenerdigen starken Fensterleibungen einige bunte Fresken noch ziemlich gut erhalten. Vor dem spätgotischen Fenster im ersten Stockwerk weisen drei aus Stein gearbeitete Konsolen auf einen Erker hin. Vielleicht befand sich in diesem Geschoß die Kemenate der Edelfreien Damen von Enn, jenem mächtigen Geschlecht, von dem

Grundriß von Kaldiff
A = Vorhof;
B = Burghof;
C = Torhalle;
D = Torbau;
E = angenommener Torturm;
F = Rittersaal;
G = Kapelle unter dem Rittersaal;
H = Palas;
I = Zisterne (?);
K = Vorburg.

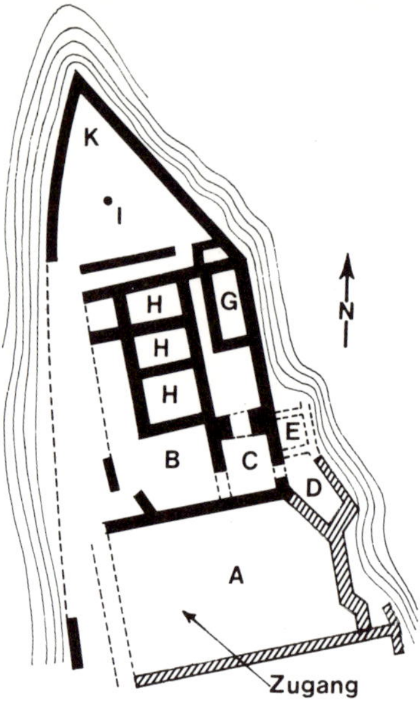

ein Seitenzweig die Burg Kaldiff im 12. Jahrhundert zur Überwachung der alten Straße über Truden ins Fleimstal gründete. Stammsitz der Enn war das heutige, neugotisch umgestaltete Schloß Enn bei Montan (Privatbesitz der venezianischen Grafenfamilie Zenobio, keine Besichtigung), das sie 1172 mit Erlaubnis von Bischof Albert II. von Trient anlegen durften. Ihr Herrschaftsbereich umfaßte das linke Etschufer zwischen Branzoll und Neumarkt bis hinauf zu den Bergkämmen.

Am Ende des Ganges zwischen Kapelle und Palas öffnet sich eine Pforte. Drei Meter tiefer erstreckt sich ein Teil des Zwingers. Draußen breitet sich in Dreiecksform eine Vorburg aus. Zu ihr gelangt man am besten auf einem Weglein an der Südseite der Ruine. In der Vorburg

gähnt ein dunkles, tiefes Loch. Otto Piper und Josef Weingartner nehmen dort den Brunnen bzw. die Zisterne an. Dem kann ich aber nach intensiver Untersuchung nicht beipflichten, denn es handelt sich um einen größeren unterirdischen Raum, zu groß für einen Wasserbehälter im üblichen Sinne.

Wandmalereien im Palas von Kaldiff.

38

Haderburg – Wächterin der Salurner Klause

In gespenstischer Blässe heben sich die Ruinen der Haderburg von der Wandflucht des Geiersberges ab. Wie ein verwunschenes Schloß sitzt die Burg auf steilem Fels, Wächterin der Salurner Klause. 1981 wurde die Anlage restauriert.

Anfahrt
Auf der Staatsstraße 12 von Bozen durch das Etschtal in Richtung Trient zum südlichsten Ortsende von Salurn; 34 km. Links, neben einem Spiel- und Rastplatz Parkmöglichkeit; vom Bahnhof Salurn etwa ¼ Stunde.

Wenn über Salurn schon die Sonne flutet und die 1000 Meter hohen Wände, welche hier das Etschtal einengen, lichtzarte Farben annehmen, schwebt über der Haderburg noch immer kühler Schatten. Erst gegen Abend erstrahlt sie für kurze Zeit gleich einem entrückten Traumbild im Licht der untergehenden Sonne. Einst habe dort ein trinkfreudiger Ritter gehaust, allweil einen Humpen vor sich auf dem schweren Eichentisch, erzählt man im Unterland. Seine liebsten Zechgenossen seien die »Nörgelen« gewesen, Zwerge der Südtiroler Sagenwelt. Die Kleinen krochen zur Weinernte aus ihren unterirdischen Verstecken und galten als wachsame Hüter einer unverfälschten Verarbeitung der Trauben.

Eine andere Geschichte weiß tief im Burgberg 18 riesige Fässer, voll bis obenhin mit einem Wein so gut wie nirgendwo im Lande, bewacht von drei greisen Männlein. Ein Weinbauer namens Christoph Patzeber aus Eppan soll den Weinkeller vor dreihundert Jahren durch Zufall entdeckt haben. Und obwohl er bei seiner Seele versprach, das Geheimnis für sich zu behalten, gab er es preis - und verstarb zehn Tage darauf unter unsäglichen Schmerzen. Der Weinkeller aber ward von da an von niemandem mehr gefunden worden ...

Am untersten, aus der Mauer in neuerer Zeit herausgebrochenen Eingang (rechts der ursprüngliche Torbau) ist zu erkennen, daß die Hochburg an ihrer schwachen Flanke durch Vorwerke zusätzlichen Schutz genoß. Eine Maßnahme, welche vermutlich Herzog Konrad von Teck als Pfandnehmer um 1349 ergriffen hatte, nachdem sich die Anlage kurz vorher im Erbfolgekrieg zwischen der Landesfürstin Margarethe mit Kaiser Karl IV. von Luxemburg zu schwach erwiesen hatte für eine Zeit, die bereits Pulverwaffen kannte.

Durch die Vorburg geht es dann weiter hinauf zum zweiten Einlaß. Hier befand sich 1982 eine Treppenleiter, um den ausgebauten Felsgrat, einen Quersattel, zu gewinnen. Dieser Sattel verbindet den Burgberg mit den hangseitigen Bastionen (verfallene Steinstufen). Von dort konnten die Zugänge mit Feuerwaffen in Schach gehalten werden. Über einer natürlichen Felskluft des Burgweges hing ehemals eine Zugbrücke; 1982 Holzbretter. Ein mannshoher Absatz verhilft empor zu einem Rondell. Anschließend der Burgvorhof.

Einzelne Treppenstufen leiten zum ehemals viergeschossigen Bergfried. Früher befand sich davor ein Doppeltor. Am Turm verwundert die unregelmäßige Form (6 x 4 x 2,5 x 5,5 m Seitenlängen):

Zugang
Der Aufstieg beginnt zwischen dem Spielplatz und dem Haus Wegher. Mit einem Pfad in Kehren steil bergan. Nach 10 Minuten begegnet uns eine aussichtsreiche Rastbank. Etwa 5 Minuten danach stößt man auf die Mauer der unteren Vorburg und auf den Toreingang. Hier beginnt übrigens rechts ein unwegsamer Steig - ziemlich mühsam zu erklimmen - hinauf zu den hangseitigen Vorwerken.

Ruine Haderburg. Wie ein verwunschenes Schloß thront die Burg auf steilem Fels.

Wanderkarte
1:50 000 Freytag-Berndt-Wanderkarte, Blatt 7.

Zur Hangseite hin schmaler als am Eingang, auf der Ostseite schwach gewölbt, wohl um Beschuß abzuleiten. Infolge von Erweiterungen der Burg entfiel der anfängliche Wehrzweck des Turmes. Innenwandputz, Balkenreste und Balkenlöcher der Geschosse, sowie Seitenbänke an den Fenstern im ersten Stockwerk unterstreichen die Folgerung, daß er späterhin

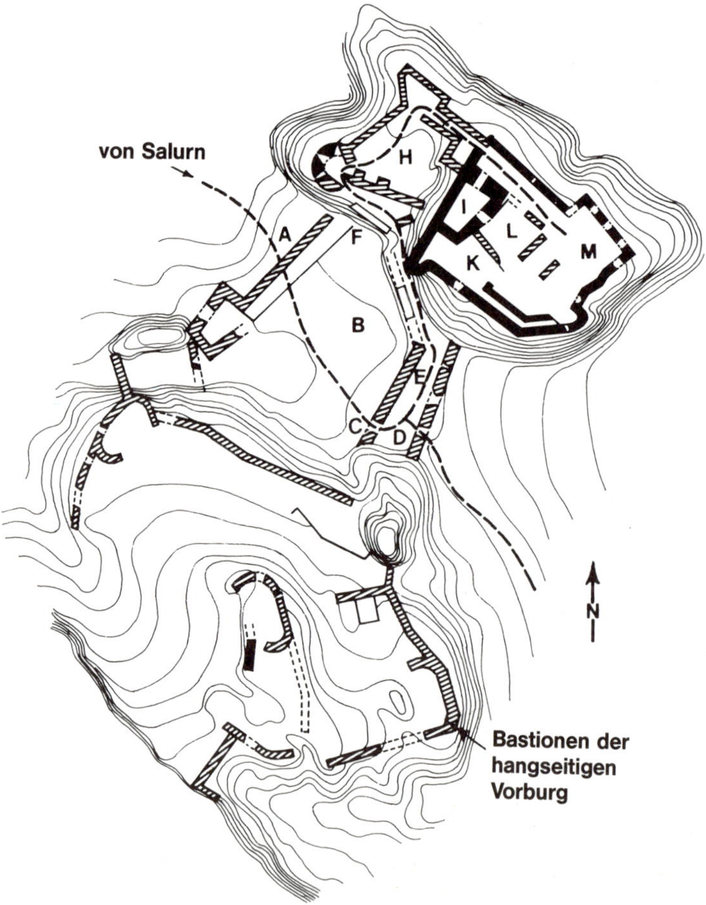

bewohnt war. Unmittelbar neben dem Turm, auf der höchsten Felsplatte, von wo die Befestigungen im Hang gut auszumachen sind, erhob sich ein kleiner Palas mit Zugang in den Turm. Der Hauptwohnbau befand sich am Rand des Burgfelsens und wurde bei der Restaurierung 1981 hochgemauert mit gut erhaltenen Fenstern des ersten Stockwerkes.

Das Rondell an der Nordostecke vermittelt einen schwindelnden Blick auf Salurn. Halbrechts oben auf der Mittelgebirgsterrasse von Buchholz suchen Archäologen das von den Franken um 580 zerstörte Langobarden-Kastell »Fagitana«.

Ein Mönch des Klosters Benediktbeuren nennt 1053 erstmals »eine Burg, die Salurn genannt wird« (castellum quod dicitur Salurna«). Dabei handelte es sich wahrscheinlich um eine primitive Befestigungsanlage. Die eigentliche Burg dürfte in der ersten Hälfte des 12. Jahrhunderts entstanden sein und hieß Salurn. Haderburg hat sich erst viel später eingebürgert.

Nach dem Untergang der Eppaner Grafen, die Salurn zum Lehen hatten, bemächtigte sich Graf Meinhard II. im Jahre 1284 der Anlage. In der Folgezeit kamen Burg und Gericht im Wechsel an verschiedene, dem jeweiligen Landesfürsten nahestehende Adelsfamilien. 1648 verkaufte der Habsburger Erzherzog Ferdinand Karl die Herrschaften Salurn, Enn, Kaldif und Königsberg (südöstlich, oberhalb von San Michele all' Adige; jenseits der Salurner Klause) an die steinreiche venezianische Grafenfamilie Zenobio – die heute noch Besitzer der genannten Burgen ist – zum mehr als stolzen Preis von 336 000 Gulden.

Grundrißplan der Haderburg
A = derzeitiger unterer Toreingang;
B = Vorburg;
C = oberer Einlaß;
D = Nebenpforte;
E = Grat mit Burgweg;
F = einst Zugbrücke;
G = Rondell;
H = Burgvorhof;
I = Bergfried;
K = kleiner Palas mit turmartigem Anbau;
L = Burghof mit 6 Meter tiefer Zisterne;
M = Palas mit turmähnlichem dreigeschossigem Anbau;
T = ursprünglicher Torbau.

Literaturverzeichnis

Caboga, Comte Herbert de: Die Burg im Mittelalter. Verlag Ullstein, Frankfurt.

Caminiti, Marcello: Die Burgen Südtirols. Editori Manfrini, Calliano.

Dumler, Helmut: Rundwanderungen Südtirol. Rundwanderungen Westliche Dolomiten. J.-Fink-Kümmerly + Frey Verlag, Ostfildern.

Dumler, Helmut: Kleiner Führer Tauferer Tal - Ahrntal. Kleiner Führer Sarntaler Alpen. Kleiner Führer Peitlerkofel- und Plosegebiet. Bergverlag Rudolf Rother, München.

Dumler/Trenker: Die schönsten Höhenwege in Südtirol. Verlag F. Bruckmann KG., München.

Ebhardt, Bodo: Der Wehrbau Europas im Mittelalter. Band I. Verlag Weidlich, Frankfurt.

Huter, Franz: Handbuch der historischen Stätten Österreichs. II. Band. Alfred Kröner Verlag, Stuttgart.

Langes, Gunther: Südtiroler Landeskunde, Band 3 (Überetsch und Bozner Unterland) und Band 4 (Burggrafenamt und Meran). Verlagsanstalt Athesia, Bozen.

Mahlknecht, Bruno: Burgen, Schlösser und Ansitze in Eppan. Verkehrsamt Eppan.

Piper, Otto: Österreichische Burgen, VII. Bände. Alfred Hölder, Wien 1904.

Piper, Otto: Burgenkunde. Neuauflage Verlag Weidlich, Frankfurt 1964.

Rampold, Josef: Südtiroler Landeskunde, Band 1 (Vinschgau), Band 2 (Pustertal), Band 5 (Eisacktal), Band 7 (Bozen und Umgebung). Verlagsanstalt Athesia, Bozen.

Sayn-Wittgenstein, Prinz zu: Südtirol und das Trentino. Prestel Verlag, München.

Stoermer, Hans W.: Südtiroler Museumsführer. Prestel-Verlag, München.

Trapp, Oswald Graf: Tiroler Burgenbuch. Band I (Vinschgau) Band II (Burggrafenamt), Band III (Wipptal), Band IV (Eisacktal), Band V (Sarntal). Verlagsanstalt Athesia, Bozen.

Weingartner, Josef: Tiroler Burgenkunde. Rohrer Verlag, Innsbruck-Wien 1950.

Weingartner, Josef: Bozner Burgen. Tyrolia Verlag, Innsbruck 1953.

Weingartner, Josef: Die Kunstdenkmäler Südtirols. Innsbruck 1953.

Register